あたらしいほうりつの本《ほん》

改訂版《かいていばん》

又村《またむら》あおい

はじめに

障害《しょうがい》のある人《ひと》が地域《ちいき》でくらしていくために、いろいろな支援《しえん》（お手伝《てつだ》い）や
サービスが用意《ようい》されています。

２０１４年《ねん》につくった「あたらしいほうりつの本《ほん》」では、生活《せいかつ》のために必要《ひつよう》な
お金《かね》のこと、病院《びょういん》にかかったら支払《しはら》う医療費《いりょうひ》の補助《ほじょ》のこと、ヘルパーや通所《つうしょ》、
グループホームなどの福祉《ふくし》サービスのことなどを取《と》り上《あ》げました。

今《いま》の制度《せいど》の多《おお》くは、皆《みな》さんが住《す》んでいる市町村《しちょうそん》の役所《やくしょ》で手続《てつづ》きをして、
決定《けってい》を受《う》けないと使《つか》うことができません。そして、
どういうサービスが使《つか》えるのかは、できるだけ自分《じぶん》で調《しら》べる必要《ひつよう》があります。

今回《こんかい》の「あたらしいほうりつの本《ほん》　２０１８年改訂版《ねんかいていばん》」では、
障害《しょうがい》のある人《ひと》が地域《ちいき》でくらしていくために必要《ひつよう》なサービスを、
できるだけ分《わ》かりやすく紹介《しょうかい》するように心《こころ》がけました。
特《とく》に、障害《しょうがい》のある人《ひと》のくらしを支《ささ》える福祉《ふくし》のサービスのことを中心《ちゅうしん》に取《と》り上《あ》げました。
ですから、お金《かね》に関《かん》することや、医療費《いりょうひ》の補助《ほじょ》に関《かん》することは、
今《いま》までの「あたらしいほうりつの本《ほん》」とあわせてお読《よ》みください。
　皆《みな》さんが障害福祉《しょうがいふくし》のサービスを上手《じょうず》に使《つか》っていくために、
この本《ほん》を活用《かつよう》していただければ幸《さいわ》いです。

この　本《ほん》　の　特《と》　徴《ちょう》

この本《ほん》は、なるべく多《おお》くの人《ひと》が読《よ》みやすくなるように、次《つぎ》のような特徴《とくちょう》があります。

特《とく》徴《ちょう》 1

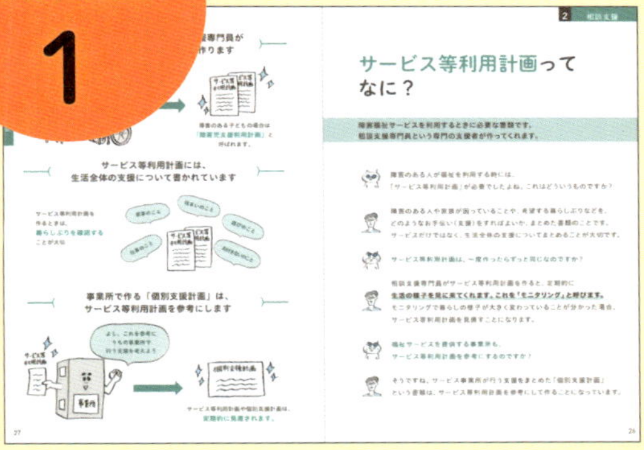
サービス等利用計画ってなに？
サービス等利用計画には、生活全体の支援について書かれています
事業所で作る「個別支援計画」は、サービス等利用計画を参考にします

ページの右側《みぎがわ》が説明《せつめい》の文章《ぶんしょう》、
左側《ひだりがわ》が説明《せつめい》のイラストに
なっています。

特《とく》徴《ちょう》 2

説明《せつめい》の文章《ぶんしょう》は
できるだけ
少《すく》なくしてあります。

特《とく》徴《ちょう》 3

特《とく》に知的《ちてき》・発達障害《はったつしょうがい》のある人《ひと》に
関係《かんけい》する制度《せいど》やサービスを
取《と》り上《あ》げています。

もくじ

いつどんな支援《しえん》が必要《ひつよう》になるの？

1 章《しょう》

この章《しょう》では、障害《しょうがい》のある人《ひと》の年齢《ねんれい》（ライフステージ）ごとに、必要《ひつよう》となる支援《しえん》や、利用《りよう》できる障害福祉《しょうがいふくし》サービスを紹介《しょうかい》しています。
様々《さまざま》な種類《しゅるい》がある障害福祉《しょうがいふくし》サービスの、おおまかな位置《いち》づけを確認《かくにん》しておきましょう。

地域《ちいき》でくらす①

乳幼児期《にゅうようじき》〜学齢期《かくれいき》

すこやかに育《そだ》つ

障害《しょうがい》のあるなしにかかわらず、今後《こんご》の成長《せいちょう》にかかわる大切《たいせつ》な時期《じき》。学齢期《がくれいき》には、教育《きょういく》と福祉《ふくし》の連携《れんけい》が重要《じゅうよう》です。

乳幼児期《にゅうようじき》

生《う》まれたときに障害《しょうがい》や病気《びょうき》があることが分《わ》かったら、入院中《にゅういんちゅう》に障害者手帳《しょうがいしゃてちょう》や福祉《ふくし》サービスを手続《てつづ》きすることもあるでしょう。大《おお》きな病院《びょういん》であれば「医療福祉相談室《いりょうふくしそうだんしつ》」などの窓口《まどぐち》があり、医療《いりょう》ソーシャルワーカーが相談《そうだん》に乗《の》ってくれます。また、市町村《しちょうそん》の「保健《ほけん》センター」へ相談《そうだん》する方法《ほうほう》もあります。

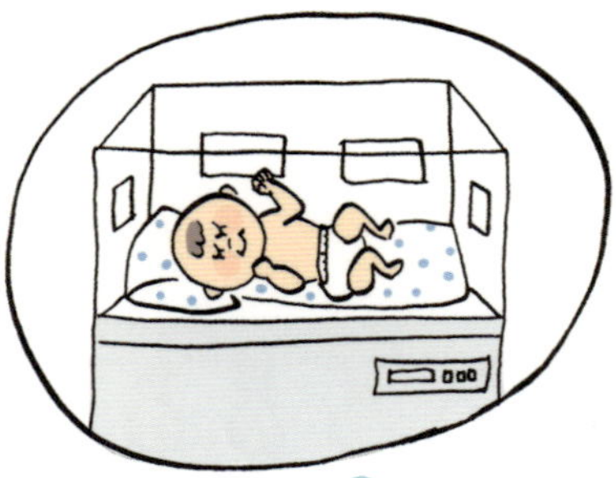

未就学期《みしゅうがくき》

体《からだ》の発育《はついく》や言葉《ことば》・行動《こうどう》などコミュニケーション面《めん》でも、発達《はったつ》が著《いちじる》しい時期《じき》です。市町村《しちょうそん》で1歳半《さいはん》や3歳時《さいじ》の定期健診《ていきけんしん》があり、そこで障害《しょうがい》や発達《はったつ》の遅《おく》れが分《わ》かる場合《ばあい》があります。

障害《しょうがい》があることが分《わ》かった場合《ばあい》、「児童発達支援《じどうはったつしえん》（→ 36 ページ）」という障害児《しょうがいじ》の支援《しえん》を行《おこな》う通園施設《つうえんしせつ》や、保育所《ほいくしょ》・幼稚園《ようちえん》に通《かよ》います。

学《がく》齢《れい》期《き》・学校《がっこう》卒業《そつぎょう》期《き》

小中高校《しょうちゅうこうこう》の 12 年間《ねんかん》は、子《こ》どもの成長《せいちょう》にもっとも大切《たいせつ》な時期《じき》。最近《さいきん》では、障害《しょうがい》のある子《こ》どもが地域《ちいき》の学校《がっこう》で学《まな》ぶ機会《きかい》が増《ふ》えてきました。多《おお》くの小中学校《しょうちゅうがっこう》に「特別支援学級《とくべつしえんがっきゅう》」が置《お》かれています。高校《こうこう》は、多《おお》くの場合《ばあい》「特別支援学校《とくべつしえんがっこう》」へ通学《つうがく》します。最近《さいきん》では、地域《ちいき》の普通高校《ふつうこうこう》に通《かよ》うケースも。また、普通高校《ふつうこうこう》に特別支援学校《とくべつしえんがっこう》を併設《へいせつ》する動《うご》きも広《ひろ》がってきています。放課後《ほうかご》にはデイサービスを利用《りよう》する子《こ》どもも増《ふ》えています。(→ 42 ページ)

卒業進路《そつぎょうしんろ》には、大《おお》きく「進学《しんがく》」「就職《しゅうしょく》」「福祉《ふくし》サービス」の 3 つがあります。

また、福祉《ふくし》サービスには「職業訓練《しょくぎょうくんれん》」「福祉的就労《ふくしてきしゅうろう》（→ 58 ページ）」「生活介護《せいかつかいご》（→ 48 ページ）」などのタイプがあります。

青年期《せいねんき》

卒業進路《そつぎょうしんろ》と年齢《ねんれい》に応《おう》じたくらし

仕事《しごと》や生活《せいかつ》、恋愛《れんあい》など、自分《じぶん》で決《き》めて行動《こうどう》する機会《きかい》が増《ふ》えていきます。地域《ちいき》の中《なか》で自分《じぶん》らしくくらすための支援《しえん》を上手《じょうず》に利用《りよう》しましょう。

はたらく・かよう

学校《がっこう》を卒業《そつぎょう》すると、地域《ちいき》のいろいろなくらしが待《ま》っています。日中《にっちゅう》の過《す》ごし方《かた》としては、会社《かいしゃ》や支援事業所《しえんじぎょうしょ》で働《はたら》く人《ひと》、支援《しえん》を受《う》けながら安全《あんぜん》に日中活動《にっちゅうかつどう》する人《ひと》などがいます。

つきあう

仕事《しごと》や趣味《しゅみ》などを通《とお》して、好《す》きな人《ひと》ができることもあるかもしれません。お付《つ》き合《あ》いしたり、結婚《けっこん》したりする人《ひと》もいるでしょう。知的障害《ちてきしょうがい》のある人《ひと》は結婚《けっこん》したり子《こ》どもを育《そだ》てたりしないほうがよいと考《かんが》える人《ひと》もいますが、最近《さいきん》では障害《しょうがい》のある人《ひと》のお付《つ》き合《あ》いや結婚《けっこん》をお手伝《てつだ》いする窓口《まどぐち》もできています。

くらす・すまう

住《す》まいの場所《ばしょ》もさまざまです。家族《かぞく》と自宅《じたく》でくらす人《ひと》が多《おお》いのですが、ヘルパーサービス（→ 80 ページ）を使《つか》って一人《ひとり》ぐらしをする人《ひと》、グループホームを利用《りよう》する人（→ 70 ページ）、入所施設《にゅうしょしせつ》（→ 74 ページ）でくらす人《ひと》もいます。

たのしむ

はたらく以外《いがい》にも趣味《しゅみ》の活動《かつどう》や、障害《しょうがい》のある人自身《ひとじしん》による「本人活動《ほんにんかつどう》」なども大切《たいせつ》です。趣味《しゅみ》の活動《かつどう》などには、外出《がいしゅつ》に付《つ》き添《そ》うヘルパーのサービス（→ 82 ページ）もあります。

高齢期《こうれいき》

安定《あんてい》した地域生活《ちいきせいかつ》のために

年齢《ねんれい》を重《かさ》ねると、健康面《けんこうめん》での不安《ふあん》や、家族《かぞく》も高齢《こうれい》になることで生活《せいかつ》に大《おお》きな変化《へんか》が生《しょう》じます。

健康《けんこう》・病気《びょうき》

50歳《さい》くらいからは、健康《けんこう》のことや老後《ろうご》のことも心配《しんぱい》です。知的障害《ちてきしょうがい》のある人《ひと》は、なかなか病院《びょういん》や人間《にんげん》ドックなどを利用《りよう》できないという実態《じったい》があります。また、運動《うんどう》をする機会《きかい》も少《すく》ないので、肥満《ひまん》や成人病《せいじんびょう》のリスクがあるといわれています。

介護保険《かいごほけん》サービスとの関係《かんけい》

障害《しょうがい》のある人《ひと》が65歳《さい》になると、それまで利用《りよう》していた福祉《ふくし》サービスから介護保険《かいごほけん》サービスへと移《うつ》ることになります。そのため利用《りよう》する事業所《じぎょうしょ》を変《か》わらなくてはならない人《ひと》もいますが、2018年《ねん》4月《がつ》から「共生型《きょうせいがた》（→ 92 ページ）」というしくみができたので、同《おな》じ事業所《じぎょうしょ》をそのまま使《つか》える可能性《かのうせい》もあります。

家族《かぞく》が高齢《こうれい》になると

家族《かぞく》の高齢化《こうれいか》は、全国《ぜんこく》で大《おお》きな課題《かだい》となっています。それまで家族《かぞく》がしていた各種《かくしゅ》の手続《てつづ》きなどができなくなることもあるため、「成年後見制度《せいねんこうけんせいど》（→ 98 ページ）」の利用《りよう》も本格的《ほんかくてき》に考《かんが》えなければならないでしょう。

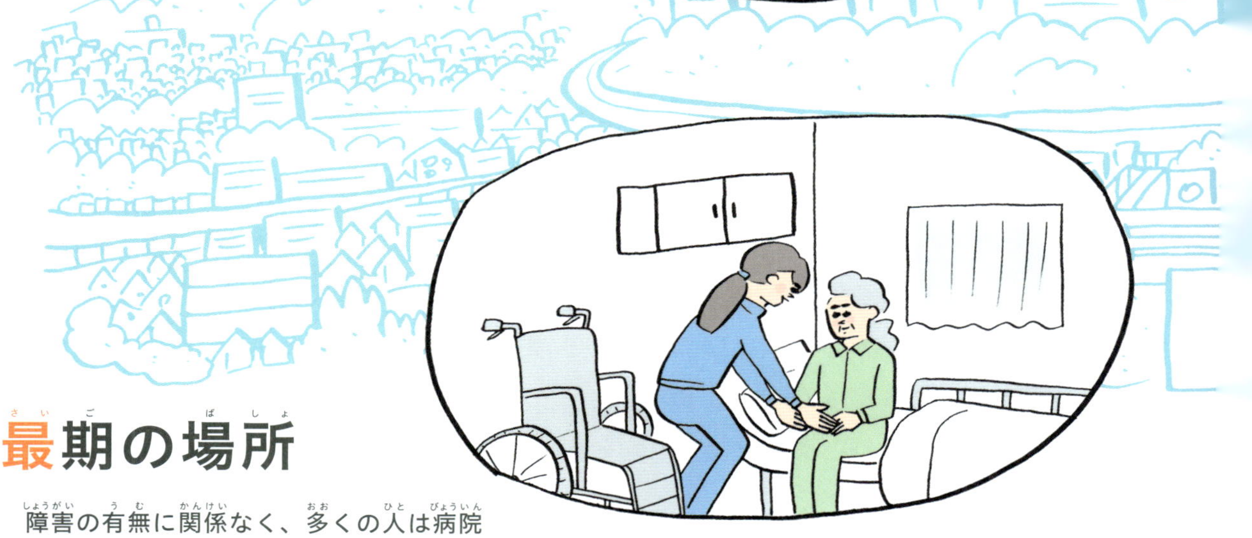

最期《さいご》の場所《ばしょ》

障害《しょうがい》の有無《うむ》に関係《かんけい》なく、多《おお》くの人《ひと》は病院《びょういん》で亡《な》くなっています。ただ、最近《さいきん》では入所《にゅうしょ》施設《しせつ》やグループホームで亡《な》くなるまで支援《しえん》するケースも出《で》てきました。

知的障害《ちてきしょうがい》のある人《ひと》の手帳《てちょう》は どうして全国一律《ぜんこくいちりつ》ではないの？

療育手帳《りょういくてちょう》は、国《くに》の法律《ほうりつ》では定《さだ》められていません。
そのため呼《よ》び名《な》や等級《とうきゅう》の分《わ》け方《かた》に地域《ちいき》によって違《ちが》いがあります。

療育手帳《りょういくてちょう》って、「愛《あい》の手帳《てちょう》」とか「みどりの手帳《てちょう》」とか、
地域《ちいき》によって呼《よ》び名《な》がバラバラですね。
身体障害者手帳《しんたいしょうがいしゃてちょう》は全国《ぜんこく》どこも同《おな》じなのに、どうしてですか？

身体障害者手帳《しんたいしょうがいしゃてちょう》は法律《ほうりつ》で定《さだ》められたものだけど、
療育手帳《りょういくてちょう》は法律《ほうりつ》では決《き》められていません。
かわりに、国《くに》から出《だ》されている「通知《つうち》」で決《き》められているんだよ。

療育手帳《りょういくてちょう》には等級《とうきゅう》の判定《はんてい》がありますね。
判定《はんてい》の基準《きじゅん》も地域《ちいき》ごとに違《ちが》うんですか？

基本的《きほんてき》な基準《きじゅん》は全国共通《ぜんこくきょうつう》ですが、等級《とうきゅう》の分《わ》け方《かた》に違《ちが》いがあります。
たとえば○○県《けん》ではＡ～Ｃの３段階《だんかい》だけど、
△△県《けん》ではＡ１～Ｂ２の４段階《だんかい》で判定《はんてい》しています。
引《ひ》っ越《こ》した場合《ばあい》などは、他《ほか》の都道府県《とどうふけん》で発行《はっこう》された療育手帳《りょういくてちょう》でも
使《つか》うことができるけれど、判定《はんてい》のやり直《なお》しを求《もと》められることもあります。

やはり、不便《ふべん》だから全国共通《ぜんこくきょうつう》のものにしてほしいですね。

療育手帳《りょういくてちょう》は地域《ちいき》によっては違《ちが》う名前《なまえ》で呼《よ》ばれているところもあります

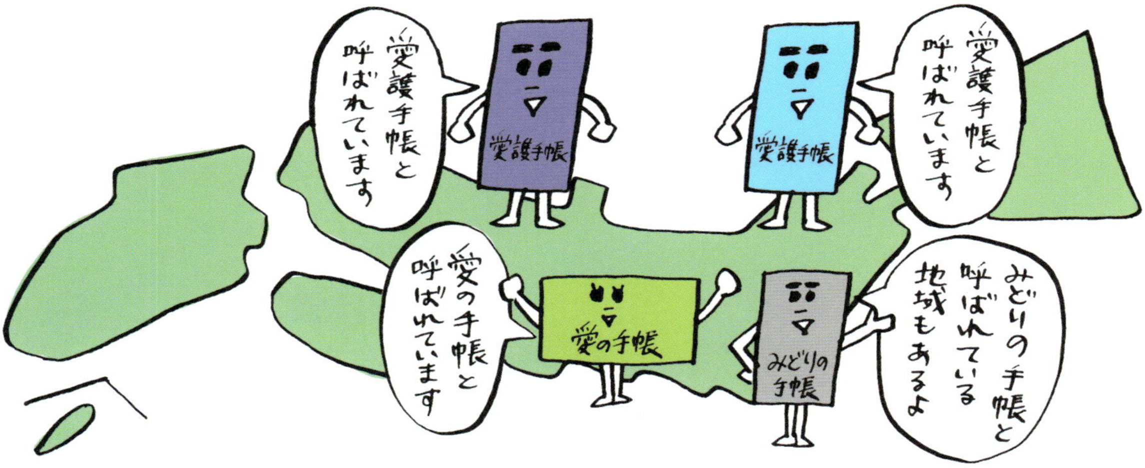

■判定結果《はんていけっか》と手帳等級《てちょうとうきゅう》の例《れい》

地域《ちいき》によって等級《とうきゅう》の表《あらわ》し方《かた》が違《ちが》う

手帳等級《てちょうとうきゅう》の例《れい》			IQ 判定結果《はんていけっか》	区分《くぶん》
A1	1	A	20未満《みまん》	最重度《さいじゅうど》
A2	2		21～35	重度《じゅうど》
B1	3	B	36～50	中度《ちゅうど》
B2	4	C	51 ～ 70	軽度《けいど》

特《とく》にこの部分《ぶぶん》で地域差《ちいきさ》が大《おお》きい

障害者総合支援法《しょうがいしゃそうごうしえんほう》とは？

**障害《しょうがい》のある人《ひと》の困《こま》りごとを手伝《てつだ》って、
くらしを支《ささ》えるための福祉《ふくし》サービスが用意《ようい》されています。**

障害《しょうがい》のある人《ひと》が生《う》まれてから
お年寄《としよ》りになるまでを見《み》てきましたが、
いろいろな場面《ばめん》で障害福祉《しょうがいふくし》サービスを使《つか》う可能性《かのうせい》がありますね。

そうですね。これらは「障害者総合支援法《しょうがいしゃそうごうしえんほう》」で定《さだ》められていて、
「介護給付《かいごきゅうふ》」「訓練等給付《くんれんとうきゅうふ》」「地域生活支援事業《ちいきせいかつしえんじぎょう》」の
3つに分《わ》かれます。

どんなサービスなのですか？

「介護給付《かいごきゅうふ》」は生活《せいかつ》のお手伝《てつだ》いを必要《ひつよう》とする人《ひと》が使《つか》うサービスです。
「訓練等給付《くんれんとうきゅうふ》」は、地域《ちいき》で生活《せいかつ》するための力《ちから》や
働《はたら》くための力《ちから》を付《つ》けるお手伝《てつだ》いをするサービスです。

「地域生活支援事業《ちいきせいかつしえんじぎょう》」は、ほかの2つとはちょっと違《ちが》うみたいですね。

そうですね。都道府県《とどうふけん》や市町村《しちょうそん》が実施《じっし》する福祉《ふくし》サービスです。
多《おお》くのサービスは、市町村《しちょうそん》が窓口《まどぐち》になっています。

❶介護給付《かいごきゅうふ》

生活《せいかつ》でお手伝《てつだ》いを必要《ひつよう》とする人《ひと》が使《つか》います

ヘルパーサービス

施設入所《しせつにゅうしょ》・短期入所《たんきにゅうしょ》

❷訓練等給付《くんれんとうきゅうふ》

生活《せいかつ》や働《はたら》く練習《れんしゅう》をする人《ひと》などが使《つか》います

グループホーム

自立訓練《じりつくんれん》

就労移行支援《しゅうろういこうしえん》

就労継続支援《しゅうろうけいぞくしえん》

❸地域生活支援事業《ちいきせいかつしえんじぎょう》

市町村《しちょうそん》が地域《ちいき》の状況《じょうきょう》にあわせて実施《じっし》します

地域生活《ちいきせいかつ》
支援事業《しえんじぎょう》は
市町村《しちょうそん》が
窓口《まどぐち》です。

移動支援《いどうしえん》

地域活動支援《ちいきかつどうしえん》センター

障害福祉《しょうがいふくし》サービスの種類《しゅるい》

介護給付《かいごきゅうふ》

生活《せいかつ》するためのお手伝《てつだ》いを
必要《ひつよう》とする人《ひと》が使《つか》います。

サービス名称《めいしょう》	どんな内容《ないよう》？	何《なん》ページ？
ホームヘルプ （居宅介護《きょたくかいご》）	家《いえ》での生活《せいかつ》を手伝《てつだ》う人《ひと》（ヘルパー）が お風呂《ふろ》や食事《しょくじ》の手伝《てつだ》い、部屋《へや》の掃除《そうじ》や洗濯《せんたく》などを 手伝《てつだ》ってくれるサービスです。 「身体介護《しんたいかいご》」「家事援助《かじえんじょ》」「通院等介助《つういんとうかいじょ》」などがあります。	80ページ
重度訪問介護《じゅうどほうもんかいご》	ヘルパーがやってきて、 身体介護《しんたいかいご》や家事援助《かじえんじょ》だけでなく、 外出時《がいしゅつじ》の付《つ》き添《そ》いもお手伝《てつだ》いするサービスです。	80ページ
行動援護《こうどうえんご》	行動面《こうどうめん》で特別《とくべつ》な見守《みまも》りを必要《ひつよう》とする人《ひと》が、 家《いえ》の中《なか》や外出《がいしゅつ》するときに付《つ》き添《そ》うサービスです。	82ページ
生活介護《せいかつかいご》	重度障害《じゅうどしょうがい》のある人《ひと》の日中活動《にっちゅうかつどう》を お手伝《てつだ》いするサービスです。	48ページ
施設入所支援《しせつにゅうしょしえん》	施設《しせつ》の中《なか》で、夜間《やかん》や休日《きゅうじつ》のくらしに必要《ひつよう》な、 食事《しょくじ》やお風呂《ふろ》などのお手伝《てつだ》いをするサービスです。 病院《びょういん》に入所《にゅうしょ》する「療養介護《りょうようかいご》」というサービスもあります。	74ページ
短期入所《たんきにゅうしょ》	障害《しょうがい》のある人《ひと》の家族《かぞく》が急病《きゅうびょう》のときなどに、 一時的《いちじてき》に施設《しせつ》へ入所《にゅうしょ》するサービスです。	86ページ
重度障害者等《じゅうどしょうがいしゃとう》 包括支援《ほうかつしえん》	とても重《おも》い障害《しょうがい》のある人《ひと》を対象《たいしょう》に、ヘルパーや 生活介護《せいかつかいご》、短期入所《たんきにゅうしょ》などのサービスを 組《く》み合《あ》わせて使《つか》うことができるサービスです。	

訓練《くんれん》等《とう》給付《きゅうふ》

地域《ちいき》で生活《せいかつ》するための力《ちから》をつけたい人《ひと》や、働《はたら》くために練習《れんしゅう》したい人《ひと》などが使《つか》います。

サービス名称《めいしょう》	どんな内容《ないよう》？	何《なん》ページ？
自立《じりつ》生活《せいかつ》援助《えんじょ》	地域《ちいき》で独立《どくりつ》してくらしている人《ひと》の困《こま》りごとを聞《き》いて、自分《じぶん》で解決《かいけつ》できるようにお手伝《てつだ》いするサービスです。	76 ページ
自立《じりつ》訓練《くんれん》	地域《ちいき》で生活《せいかつ》するために必要《ひつよう》な、リハビリや身《み》の回《まわ》りのことを自分《じぶん》でできるようにする訓練《くんれん》をするサービスです。	52ページ
就労《しゅうろう》移行《いこう》支援《しえん》	会社《かいしゃ》などで働《はたら》くための力《ちから》を身《み》につけるお手伝《てつだ》いをするサービスです。	54 ページ
就労《しゅうろう》継続《けいぞく》支援《しえん》	会社《かいしゃ》などで働《はたら》くことが難《むずか》しい人《ひと》が、お手伝《てつだ》いを受《う》けながら働《はたら》く場《ば》となるサービスです。	58,60 ページ
就労《しゅうろう》定着《ていちゃく》支援《しえん》	会社《かいしゃ》などに働《はたら》き始《はじ》めた人《ひと》が、生活面《せいかつめん》の乱《みだ》れやお給料《きゅうりょう》の管理《かんり》などで困《こま》らないように手助《てだす》けするサービスです。	56 ページ
グループホーム	一軒家《いっけんや》やアパートなどに5～10人《にん》でいっしょにくらしながら、生活《せいかつ》に必要《ひつよう》なお手伝《てつだ》いを受《う》けるサービスです。	70 ページ

地域《ちいき》生活《せいかつ》支援《しえん》事業《じぎょう》

市町村《しちょうそん》が地域《ちいき》の状況《じょうきょう》にあわせて実施《じっし》するサービスです。

サービス名称《めいしょう》	どんな内容《ないよう》？	何《なん》ページ？
相談《そうだん》支援《しえん》	くらしの困《こま》りごと相談《そうだん》や、福祉《ふくし》サービスを使《つか》うためのアドバイスを受《う》けることができるサービスです。	28 ページ
福祉《ふくし》ホーム	自分《じぶん》で身《み》の回《まわ》りのことをできる人《ひと》が、10人《にん》くらい集《あつ》まってくらす「通勤寮《つうきんりょう》」のようなサービスです。管理人《かんりにん》さんがいて、相談《そうだん》に乗《の》ってくれます。	
地域《ちいき》活動《かつどう》支援《しえん》センター	障害《しょうがい》のある人《ひと》の日中活動《にっちゅうかつどう》の場《ば》として、地域《ちいき》との交流《こうりゅう》などを支援《しえん》するサービスです。	62 ページ
移動《いどう》支援《しえん》	中軽度《ちゅうけいど》の障害《しょうがい》のある人《ひと》が外出《がいしゅつ》するときにヘルパーが付《つ》き添《そ》うサービスです。	82ページ

column 1 利用者負担《りようしゃふたん》

障害福祉《しょうがいふくし》サービスを使《つか》うといくらかかる？

基本《きほん》は1割《わり》負担《ふたん》

障害福祉《しょうがいふくし》サービスを利用《りよう》するときは、「1割《わり》」の利用《りよう》者《しゃ》負担《ふたん》を支払《しはら》います。たとえば、1000円分《えんぶん》のサービスを利用《りよう》したときは、100円《えん》を利用者《りようしゃ》が負担《ふたん》します。

利用者負担《りようしゃふたん》が1割《わり》とはいえ、たくさんのサービスを利《り》用《よう》すると、支払《しはら》う金額《きんがく》も多《おお》くなってしまいます。利用者《りようしゃ》負担《ふたん》が高額《こうがく》になって払《はら》いきれない、ということにならないように、障害《しょうがい》のある人《ひと》のいる世帯《せたい》の所得《しょとく》によって、月々《つきづき》の支払《しはら》いには上限額《じょうげんがく》が設《もう》けられています。上限額《じょうげんがく》以《い》上《じょう》は、支払《しはら》わなくてよいルールです。

利用者負担《りようしゃふたん》は1割《わり》

1000円《えん》（サービス費用《ひよう》） → 1/10 → 100円《えん》（利用者負担《りようしゃふたん》）

4000円《えん》（サービス費用《ひよう》） → 1/10 → 400円《えん》（利用者負担《りようしゃふたん》）

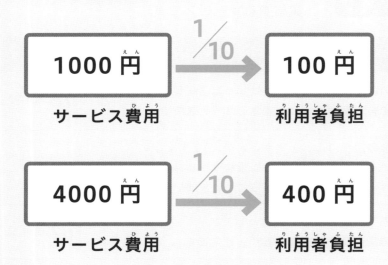

「負担《ふたん》なし」のケースも

しかし障害基礎年金《しょうがいきそねんきん》しか受《う》け取《と》っていないような人《ひと》は、上限《じょうげん》があっても利用者負担《りようしゃふたん》を支払《しはら》うのが難《むずか》しいかもしれません。

そこで、障害基礎年金《しょうがいきそねんきん》しか受《う》け取《と》っていない人《ひと》のように、税金《ぜいきん》がかかっていないくらい所得《しょとく》の少《すく》ない人《ひと》は、利《り》用者負担《ようしゃふたん》がないしくみになっています。

収入《しゅうにゅう》による負担額《ふたんがく》の違《ちが》い（主《おも》なもの）

18 歳未満《さいみまん》

収入《しゅうにゅう》	月々《つきづき》の支払《しはら》い
生活保護世帯《せいかつほごせたい》・低所得《ていしょとく》（住民税非課税《じゅうみんぜいひかぜい》）世帯《せたい》	負担額《ふたんがく》 **0** 円
住民税所得割《じゅうみんぜいしょとくわり》 28 万円《まんえん》（年収《ねんしゅう》が 890 万円《まんえん》くらい）までの世帯《せたい》	負担上限額《ふたんじょうげんがく》 **4,600** 円
住民税所得割《じゅうみんぜいしょとくわり》 28 万円以上《まんえんいじょう》の世帯《せたい》	負担上限額《ふたんじょうげんがく》 **37,200** 円

18 歳以上《さいいじょう》

収入《しゅうにゅう》	月々《つきづき》の支払《しはら》い
生活保護受給世帯《せいかつほごじゅきゅうせたい》・低所得《ていしょとく》（住民税非課税《じゅうみんぜいひかぜい》）世帯《せたい》	負担額《ふたんがく》 **0** 円
住民税所得割《じゅうみんぜいしょとくわり》 16 万円《まんえん》（年収《ねんしゅう》が 600 万円《まんえん》くらい）までの世帯《せたい》	負担上限額《ふたんじょうげんがく》 **9,300** 円
住民税所得割《じゅうみんぜいしょとくわり》 16 万円以上《まんえんいじょう》の世帯《せたい》	負担上限額《ふたんじょうげんがく》 **37,200** 円

相《そう》談《だん》支《し》援《えん》を使《つか》ってくらしを組《く》み立《た》てよう

2 章《しょう》

この章《しょう》では、「相談支援《そうだんしえん》」のことや、
「意思決定支援《いしけっていしえん》」のことを取《と》り上《あ》げています。
障害福祉《しょうがいふくし》サービスを使《つか》うときには、相談支援《そうだんしえん》のしくみを使《つか》い、
サービス等利用計画《とうりようけいかく》という計画書《けいかくしょ》をつくってもらいます。
また、自分《じぶん》らしいくらしを実現《じつげん》するためにも、
意思決定支援《いしけっていしえん》はとても大切《たいせつ》な考《かんが》え方《かた》です。

障害福祉《しょうがいふくし》サービスを使《つか》うためには？

まずは市町村《しちょうそん》の窓口《まどぐち》に相談《そうだん》を。サービスの利用計画《りようけいかく》をつくりましょう。

福祉《ふくし》サービスを使《つか》いたい人《ひと》は、まずどうすればいいですか？

窓口《まどぐち》は、市町村《しちょうそん》の障害福祉《しょうがいふくし》の窓口《まどぐち》だよ。
利用者《りようしゃ》が子《こ》どもの場合《ばあい》は、子育《こそだ》て支援《しえん》の窓口《まどぐち》になることもあります。

サービスを使《つか》うまでには、
①障害支援区分《しょうがいしえんくぶん》の判定《はんてい》、
②サービス等利用計画《とうりようけいかく》の作成《さくせい》、
③市町村《しちょうそん》の決定《けってい》と受給者証《じゅきゅうしゃしょう》の受《う》け取《と》り、
という三《みっ》つの手続《てつづ》きがあります。

なんだか複雑《ふくざつ》ですね。一人《ひとり》でできるかな…

①の障害支援区分《しょうがいしえんくぶん》は、役所《やくしょ》の担当者《たんとうしゃ》が聞《き》き取《と》り調査《ちょうさ》をして決《き》められます。
②は地域《ちいき》の相談支援事業所《そうだんしえんじぎょうしょ》がつくってくれます。
どちらもきちんとサポートしてくれますし、特《とく》に相談支援専門員《そうだんしえんせんもんいん》は、
様々《さまざま》な疑問《ぎもん》や不安《ふあん》にも相談《そうだん》に乗《の》ってくれるはずですよ。

受給者証《じゅきゅうしゃしょう》をもらったら、自動的《じどうてき》にサービスが使《つか》えるのですか？

利用《りよう》したい事業所《じぎょうしょ》に行《い》って、契約《けいやく》しなければなりません。
どんなサービスを受《う》けられるのか、**どんな雰囲気《ふんいき》の事業所《じぎょうしょ》なのか、**
見学《けんがく》したりよく話《はなし》を聞《き》いたりしてから決《き》めるといいですね。

手続《てつづ》きの窓口《まどぐち》は市町村《しちょうそん》です

障害福祉《しょうがいふくし》、または
子育《こそだ》て支援《しえん》の
窓口《まどぐち》へ

障害福祉《しょうがいふくし》サービス利用《りよう》のながれ

役所窓口《やくしょまどぐち》での手続《てつづ》き

↓

障害支援区分《しょうがいしえんくぶん》の判定《はんてい》

↓

サービス等利用計画《とうりようけいかく》の作成《さくせい》

↓

役所《やくしょ》での決定《けってい》

↓

受給者証《じゅきゅうしゃしょう》の交付《こうふ》

事業所《じぎょうしょ》との契約《けいやく》

サービスを利用《りよう》する人《ひと》

事業所《じぎょうしょ》

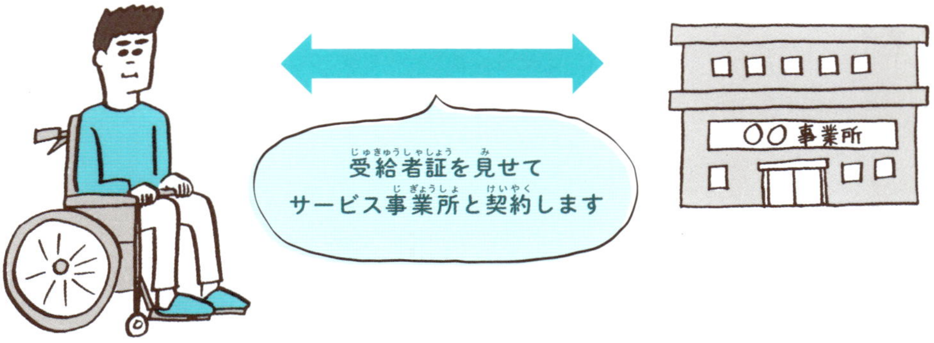

相談支援《そうだんしえん》とは？

福祉《ふくし》サービスを利用《りよう》するときや生活《せいかつ》で困《こま》ったときに、
「相談支援《そうだんしえん》」というお手伝《てつだ》いを受《う》けることができます。

福祉《ふくし》サービスにはいろいろな種類《しゅるい》があるみたいですね。
たくさんありすぎて、自分《じぶん》ではどうしてよいか分《わ》かりません…。

福祉《ふくし》サービスのことや年金《ねんきん》・手当《てあて》のことなどを知《し》りたいときでも、
生活《さいかつ》で困《こま》ったことが起《お》きたときでも、
まずは**市町村《しちょうそん》の役所《やくしょ》に相談《そうだん》することができます。**

役所《やくしょ》以外《いがい》で相談《そうだん》できるところはあるんですか？

役所《やくしょ》からお願《ねが》い（外部委託《がいぶいたく》）されて、障害福祉《しょうがいふくし》サービスの相談《そうだん》や、
生活《せいかつ》で困《こま》ったときの相談《そうだん》を受《う》け付《つ》けている福祉施設《ふくししせつ》などもあります。
役所《やくしょ》に聞《き》いてみよう。

でも、相談《そうだん》したらお金《かね》がかかるんじゃないですか？

相談支援《そうだんしえん》は、**すべて無料《むりょう》で利用《りよう》することができます。**
安心《あんしん》して何度《なんど》でも相談《そうだん》してみよう。

役所《やくしょ》ではいろいろな相談《そうだん》ができます

役所以外《やくしょいがい》でも相談《そうだん》ができます

相談支援《そうだんしえん》は無料《むりょう》です

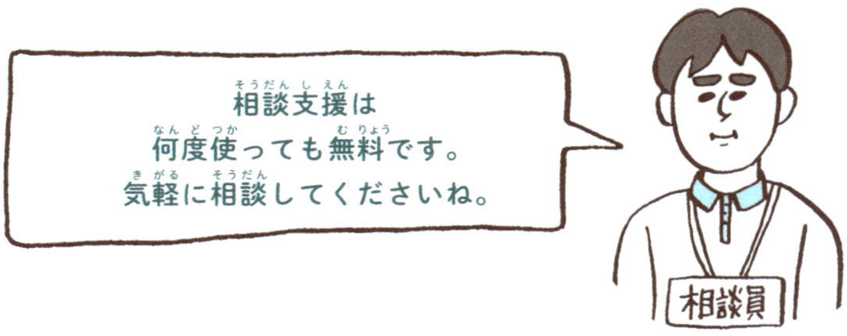

サービス等利用計画《とうりようけいかく》ってなに？

**障害福祉《しょうがいふくし》サービスを利用《りよう》するときに必要《ひつよう》な書類《しょるい》です。
相談支援専門員《そうだんしえんせんもんいん》という専門《せんもん》の支援者《しえんしゃ》がつくってくれます。**

障害《しょうがい》のある人《ひと》が福祉《ふくし》サービスを利用《りよう》するときには、
「サービス等利用計画《とうりようけいかく》」が必要《ひつよう》でしたよね。これはどういうものですか？

障害《しょうがい》のある人《ひと》や家族《かぞく》が困《こま》っていることや、希望《きぼう》するくらしぶりなどを、
どのようなお手伝《てつだ》い（支援《しえん》）をすればよいか、まとめた書類《しょるい》のことです。
サービスだけではなく、生活全体《せいかつぜんたい》の支援《しえん》についてまとめることが大切《たいせつ》です。

サービス等利用計画《とうりようけいかく》は、一度《いちど》つくったらずっと同《おな》じなのですか？

相談支援専門員《そうだんしえんせんもんいん》がサービス等利用計画《とうりようけいかく》をつくると、
定期的《ていきてき》に生活《せいかつ》の様子《ようす》を見《み》に来《き》てくれます。これを「モニタリング」と呼《よ》びます。
モニタリングでくらしの様子《ようす》が大《おお》きく変《か》わっていることが分《わ》かった場合《ばあい》、
サービス等利用計画《とうりようけいかく》を見直《みなお》すことになります。

福祉《ふくし》サービスを提供《ていきょう》する事業所《じぎょうしょ》も、
サービス等利用計画《とうりようけいかく》を参考《さんこう》にするのですか？

そうですね。サービス事業所《じぎょうしょ》が行《おこな》う支援《しえん》をまとめた「個別支援計画《こべつしえんけいかく》」
という書類《しょるい》は、サービス等利用計画《とうりようけいかく》を参考《さんこう》にしてつくることになっています。

サービス等利用計画《とうりようけいかく》は、相談支援専門員《そうだんしえんせんもんいん》が障害《しょうがい》のある人《ひと》の相談《そうだん》を受《う》けてつくります

障害《しょうがい》のある子《こ》どもの場合《ばあい》は「障害児支援利用計画《しょうがいじしえんりようけいかく》」と呼《よ》ばれます。

サービス等利用計画《とうりようけいかく》には、生活全体《せいかつぜんたい》の支援《しえん》について書《か》かれています

サービス等利用計画《とうりようけいかく》をつくるときは、**くらしぶりを確認《かくにん》する**ことが大切《たいせつ》

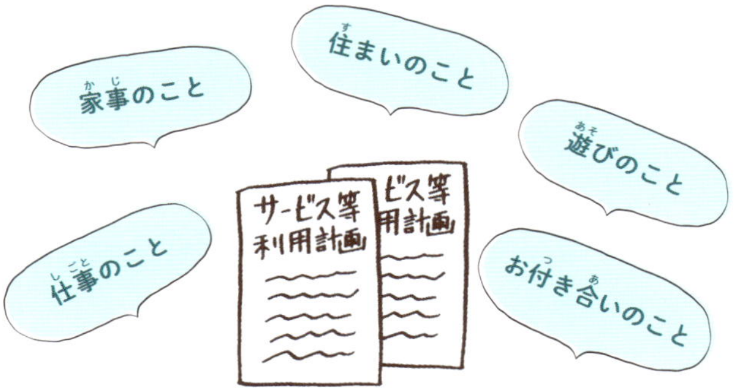

事業所《じぎょうしょ》でつくる「個別支援計画《こべつしえんけいかく》」は、サービス等利用計画《とうりようけいかく》を参考《さんこう》にします

サービス等利用計画《とうりようけいかく》や個別支援計画《こべつしえんけいかく》は、**定期的《ていきてき》に見直《みなお》されます。**

モニタリングと
サービス担当者会議《たんとうしゃかいぎ》

サービス等利用計画《とうりようけいかく》ができたら「サービス担当者会議《たんとうしゃかいぎ》」という集《あつ》まりが開《ひら》かれます。
福祉《ふくし》サービスの事業所《じぎょうしょ》が「個別支援計画《こべつしえんけいかく》」を作《つく》るために必要《ひつよう》な会議《かいぎ》です。

サービス事業所《じぎょうしょ》がサービス等利用計画《とうりようけいかく》を参考《さんこう》に「個別支援計画《こべつしえんけいかく》」を
つくるためには、関係《かんけい》する人《ひと》が集《あつ》まる必要《ひつよう》がありますね。

はい。相談支援事業所《そうだんしえんじぎょうしょ》が**「サービス担当者会議《たんとうしゃかいぎ》」**という会議《かいぎ》を開《ひら》きます。
障害《しょうがい》のある人《ひと》や家族《かぞく》、事業所《じぎょうしょ》などがどんなサービスを行《おこな》うか話《はな》し合《あ》います。

サービス等利用計画《とうりようけいかく》をつくったら必《かなら》ず開《ひら》くのですか？

そうです。**新《あたら》しくつくったときや、モニタリングをして**
サービス等利用計画《とうりようけいかく》をつくり直《なお》したときにも開《ひら》くことになっています。
それ以外《いがい》でも必要《ひつよう》であれば開《ひら》いてもらえます。相談員《そうだんいん》に聞《き》いてみましょう。

それは心強《こころづよ》いですね。
ところで、モニタリングは定期的《ていきてき》に相談員《そうだんいん》が生活《せいかつ》の様子《ようす》を
見《み》に来《き》てくれることでしたね。年《ねん》にどれくらい来《き》てくれるのでしょうか。

2018年《ねん》4月《がつ》から利用《りよう》しているサービスによって、
モニタリングの時期《じき》は変《か》わります。

サービス等利用計画《とうりようけいかく》をつくったり直《なお》したりしたときには、サービス担当者会議《たんとうしゃかいぎ》が開《ひら》かれます

サービス担当者会議《たんとうしゃかいぎ》で、どういう福祉《ふくし》サービスを行《おこな》うかを話《はな》し合《あ》います。

モニタリングの時期《じき》は、使《つか》っているサービスで変《か》わります

毎月《まいつき》

入所施設《にゅうしょしせつ》から出《で》た人《ひと》など、集中的《しゅうちゅうてき》な支援《しえん》が必要《ひつよう》な場合《ばあい》

3カ月《げつ》に1回《かい》

就労定着支援《しゅうろうていちゃくしえん》、自立生活援助《じりつせいかつえんじょ》、日中《にっちゅう》サービス支援型《しえんがた》グループホーム、居宅介護《きょたくかいご》、行動援護《こうどうえんご》、同行援護《どうこうえんご》、重度訪問介護《じゅうどほうもんかいご》、短期入所《たんきにゅうしょ》、就労移行支援《しゅうろういこうしえん》、自立訓練《じりつくんれん》

6カ月《げつ》に1回《かい》

生活介護《せいかつかいご》、就労継続支援《しゅうろうけいぞくしえん》、一般《いっぱん》のグループホーム、地域移行支援相談《ちいきいこうしえんそうだん》、地域定着支援相談《ちいきていちゃくしえんそうだん》、障害児通所支援《しょうがいじつうしょしえん》、施設入所《しせつにゅうしょ》、療養介護《りょうようかいご》、重度障害者等包括支援《じゅうどしょうがいしゃとうほうかつしえん》

このほか、長期休暇中《ちょうききゅうかちゅう》や
生活習慣《せいかつしゅうかん》の改善《かいぜん》が必要《ひつよう》な場合《ばあい》などには
期間《きかん》を短《みじか》くすることができます。

column 2 意思決定支援《いしけっていしえん》

意思決定支援《いしけっていしえん》ってなに？

自己決定《じこけってい》の支援《しえん》

最近《さいきん》いろいろな法律《ほうりつ》に「意思決定支援《いしけっていしえん》」という言葉《ことば》が登場《とうじょう》します。そのまま読《よ》むと「意思《いし》」を「決定《けってい》」するための「支援《しえん》」ですが、意味《いみ》としては、自分《じぶん》のことは自分《じぶん》で決《き》めるという、障害《しょうがい》のある人《ひと》の「自己決定《じこけってい》」をお手伝《てつだ》いすることです。

では、意思決定支援《いしけっていしえん》とは何《なに》をすることなのでしょうか。少《すこ》し具体的《ぐたいてき》に「意思決定《いしけってい》」とは何《なに》か、考《かんが》えてみましょう（左《ひだり》ページ）。

意思《いし》を決定《けってい》するステップ

一般的《いっぱんてき》に、意思決定《いしけってい》とは、大《おお》きく3つの段階《だんかい》に分《わ》かれるとされます。意思決定支援《いしけっていしえん》を考《かんが》えるヒントとして、国《くに》から意思決定支援《いしけっていしえん》のガイドラインが示《しめ》されていますから、ぜひ読《よ》んでみてください。

検索《けんさく》　障害者《しょうがいしゃ》 意思決定支援《いしけっていしえん》ガイドライン

< 意思《いし》を決定《けってい》する3つのステップ >

STEP 1 「決《き》める」という体験《たいけん》や経験《けいけん》をしていること

人《ひと》は年齢《ねんれい》に応《おう》じていろいろなことを決《き》める経験《けいけん》を積《つ》み、ときには失敗《しっぱい》もしながら、だんだんと自分《じぶん》なりの意思決定《いしけってい》をできるようになっていきます。知的《ちてき》障害《しょうがい》のある人《ひと》は、そうした体験《たいけん》、経験《けいけん》が少《すく》ないのではないかといわれています。

STEP 2 意思決定《いしけってい》のために必要《ひつよう》な情報《じょうほう》を得《え》て、活用《かつよう》すること

何《なに》かを決《き》めるためには情報《じょうほう》が必要《ひつよう》です。たとえば何《なに》か飲《の》み物《もの》を買《か》うときのことを考《かんが》えても、お茶《ちゃ》やコーヒー、紅茶《こうちゃ》など様々《さまざま》な選択肢《せんたくし》の中《なか》から選《えら》ぶ必要《ひつよう》があります。同《おな》じお茶《ちゃ》でも、いろいろな種類《しゅるい》があって、味《あじ》や値段《ねだん》、量《りょう》なども違《ちが》います。こうした情報《じょうほう》を基《もと》に、そのときの気分《きぶん》や値段《ねだん》、味《あじ》などの情報《じょうほう》を比較《ひかく》、活用《かつよう》して買《か》う飲《の》み物《もの》を決《き》めているわけです。

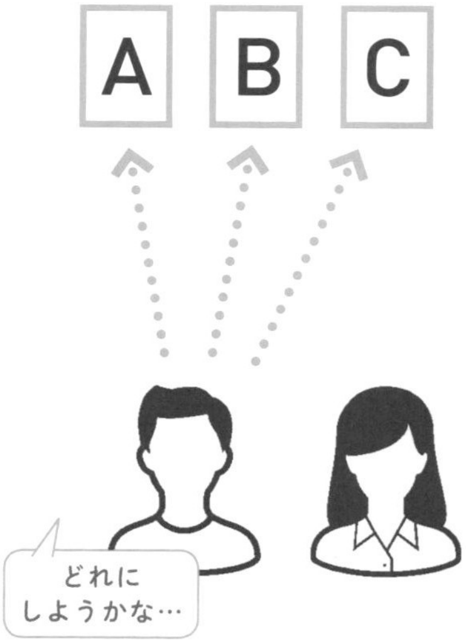

STEP 3 決《き》めた意思《いし》を表《あらわ》すこと

どれだけ「お茶《ちゃ》が飲《の》みたい！」という気持《きも》ちがあっても、そのためには、どのお茶《ちゃ》を飲《の》みたいのか伝《つた》えなければなりません。知的障害《ちてきしょうがい》のある人《ひと》には難《むずか》しい場合《ばあい》があります。

どんなサービスを使《つか》う？①

通《かよ》うための支援《しえん》

3章《しょう》

この章《しょう》では、いろいろな
「通《かよ》って使《つか》うサービス」のことを取《と》り上《あ》げています。
障害《しょうがい》のあるなしに関係《かんけい》なく、
昼間《ひるま》に通《かよ》う場所《ばしょ》があるのは大切《たいせつ》なことです。
特《とく》に学校《がっこう》を卒業《そつぎょう》した後《あと》には、
いろいろな通《かよ》い先《さき》がありますから、
自分《じぶん》に合《あ》った場所《ばしょ》を見《み》つけたいですね。

児童発達支援《じどうはったつしえん》ってなに？

学校《がっこう》に上《あ》がる前《まえ》の子《こ》どもを支《ささ》えるためのサービスです。

近所《きんじょ》に「児童発達支援《じどうはったつしえん》センター」というところがあるのですが、
どんなサービスなんですか？

「児童発達支援《じどうはったつしえん》」ですね。就学前《しゅうがくまえ》の子《こ》どもが利用《りよう》するサービスで、
基本的《きほんてき》な生活《せいかつ》の方法《ほうほう》やコミュニケーションの力《ちから》などを
身《み》につけるための支援《しえん》を行《おこな》うところです。
「児童発達支援《じどうはったつしえん》センター」と**「児童発達支援事業《じどうはったつしえんじぎょう》」**に分《わ》かれます。

そのセンターに通《かよ》って支援《しえん》を受《う》けるの？

基本的《きほんてき》には通《かよ》うところが多《おお》いですね。
そのため多《おお》くの事業所《じぎょうしょ》では送迎《そうげい》も行《おこな》っています。2018年《ねん》4月《がつ》からは、
子《こ》どもの自宅《じたく》に職員《しょくいん》が訪問《ほうもん》する支援《しえん》も制度化《せいどか》されました（→38ページ）。

児童発達支援《じどうはったつしえん》では、具体的《ぐたいてき》にはどんな支援《しえん》を行《おこな》うの？

子《こ》どもの状態《じょうたい》に合《あ》わせて、身《み》の回《まわ》りのことを自分《じぶん》でするための支援《しえん》、
お友達《ともだち》と遊《あそ》ぶためのルールを身《み》につける支援《しえん》などを行《おこな》っています。
たとえば、着替《きが》えやトイレの練習《れんしゅう》、少人数《しょうにんずう》のグループで
順番《じゅんばん》を守《まも》って遊《あそ》ぶ練習《れんしゅう》などを行《おこな》っていることが多《おお》いですね。

児童発達支援《じどうはったつしえん》とは

基本的《きほんてき》な生活《せいかつ》スキルやコミュニケーション力《りょく》などを
獲得《かくとく》するための支援《しえん》を提供《ていきょう》します。

2018年《ねん》4月《がつ》からは、
自宅《じたく》へ訪問《ほうもん》する
ことも可能《かのう》に
なりました。

「センター」と「事業《じぎょう》」に分《わ》かれます

センター

事業《じぎょう》

どちらも障害《しょうがい》のある子《こ》どもの発達支援《はったつしえん》や家族支援《かぞくしえん》などを行《おこな》います。
センターについては保育所等訪問支援《ほいくしょとうほうもんしえん》や相談支援《そうだんしえん》など、
地域支援《ちいきしえん》サービスも行《おこな》います。

居宅訪問型児童発達支援《きょたくほうもんがたじどうはったつしえん》ってなに？

医療的《いりょうてき》ケアが必要《ひつよう》な子《こ》どもの自宅《じたく》へ出向《でむ》いて支援《しえん》を提供《ていきょう》するサービスです。

医療的《いりょうてき》なケアが必要《ひつよう》なお子《こ》さんは、外出《がいしゅつ》することが難《むずか》しいと思《おも》うのですが、
そうすると療育《りょういく》の支援《しえん》は受《う》けられないのですか？

これまで、障害児《しょうがいじ》の療育支援《りょういくしえん》サービスは、
原則《げんそく》として通園《つうえん》しないと受《う》けられませんでした。
しかし、2018年《ねん》4月《がつ》から**「居宅訪問型児童発達支援《きょたくほうもんがたじどうはったつしえん》」**という
サービスがスタートしています。

どういうサービスですか？

医療的《いりょうてき》ケアが必要《ひつよう》などの理由《りゆう》で外出《がいしゅつ》できない子《こ》どもの自宅《じたく》へ
専門《せんもん》のスタッフが訪《おとず》れて、療育支援《りょういくしえん》を提供《ていきょう》するサービスです。

自宅《じたく》に来《き》てくれるなら、出《で》かけられない子《こ》どもにも
療育支援《りょういくしえん》を届《とど》けることができますね。

ただし、このサービスは子《こ》どもの障害《しょうがい》が理由《りゆう》で
外出《がいしゅつ》できないケースだけが対象《たいしょう》で、
保護者《ほごしゃ》の事情《じじょう》で外出《がいしゅつ》できない場合《ばあい》には使《つか》えません。

医療的《いりょうてき》ケアが必要《ひつよう》な子《こ》どもが増《ふ》えています

人工呼吸器《じんこうこきゅうき》をつけている子《こ》どもの数《かず》

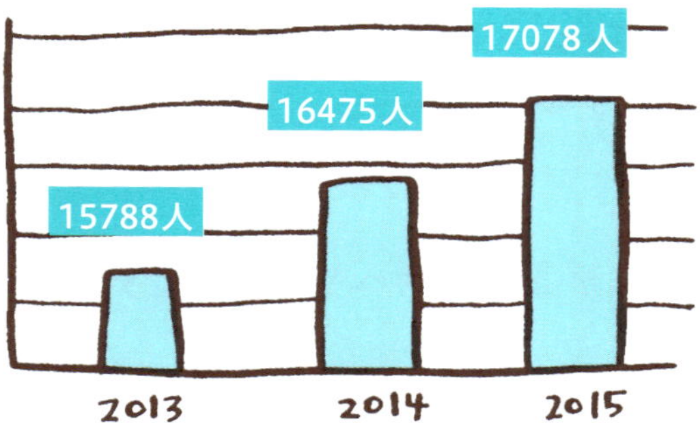

居宅訪問型児童発達支援《きょたくほうもんがたじどうはったつしえん》は、専門《せんもん》のスタッフが自宅《じたく》に出向《でむ》いて療育支援《りょういくしえん》を提供《ていきょう》します

サービスの利用《りよう》には条件《じょうけん》があります

子《こ》どもの状態《じょうたい》が外出困難《がいしゅつこんなん》であれば利用《りよう》できる

家族《かぞく》の事情《じじょう》で外出困難《がいしゅつこんなん》な場合《ばあい》は利用《りよう》できない

保育所等訪問支援《ほいくしょとうほうもんしえん》ってなに？

子《こ》どもが通《かよ》う場所《ばしょ》へやってきて支援《しえん》してくれます。

保育所等訪問支援《ほいくしょとうほうもんしえん》ってどんな支援《しえん》なんですか？

幼稚園《ようちえん》や保育所《ほいくしょ》、学校《がっこう》や放課後児童《ほうかごじどう》クラブなど、
子《こ》どもが通《かよ》う場所《ばしょ》へ職員《しょくいん》を派遣《はけん》して支援《しえん》するサービスだよ。

子《こ》どもがいるところへ来《き》てくれるのですか。

はい。職員《しょくいん》が保育所《ほいくしょ》などを訪問《ほうもん》するので、
子《こ》どもはいつもどおりの場所《ばしょ》で支援《しえん》を受《う》けることができます。
2018年《ねん》4月《がつ》からは、**養護施設《ようごしせつ》や乳児院《にゅうじいん》にも派遣《はけん》できるようになりました。**

ほかにも子《こ》どもが使《つか》えるサービスはありますか。

市町村《しちょうそん》によって違《ちが》いはあるけど、
重度肢体不自由《じゅうどしたいふじゆう》の子《こ》どもを対象《たいしょう》にした**「訪問入浴《ほうもんにゅうよく》」**や、
さまざまな年齢《ねんれい》の人《ひと》がいっしょに
日中活動《にっちゅうかつどう》を行《おこな》う**「地域活動支援《ちいきかつどうしえん》センター」**などがありますよ。

保育所等訪問支援《ほいくしょとうほうもんしえん》とは

子《こ》どもが通《かよ》っている場所《ばしょ》へ**専門支援《せんもんしえん》をする職員《しょくいん》を派遣《はけん》**します

その他《ほか》の福祉《ふくし》サービス

訪問入浴《ほうもんにゅうよく》サービス

自宅《じたく》へ浴槽《よくそう》を持《も》ち込《こ》み、
看護師《かんごし》なども配置《はいち》して
入浴《にゅうよく》サービスを提供《ていきょう》します

地域活動支援《ちいきかつどうしえん》センター

市町村《しちょうそん》が実施主体《じっししゅたい》となっている
通所《つうしょ》サービスで、利用対象者《りようたいしょうしゃ》などは
市町村《しちょうそん》の判断《はんだん》によって異《こと》なります

このほか児童福祉《じどうふくし》サービスとして、**放課後児童《ほうかごじどう》クラブ**（学童保育《がくどうほいく》）や**児童館《じどうかん》**、**ファミリーサポート事業《じぎょう》**なども利用可能《りようかのう》です。

放課後等《ほうかごとう》デイサービスは日中一時支援《にっちゅういちじしえん》となにが違《ちが》う？

放課後《ほうかご》など学校以外《がっこういがい》の時間《じかん》に、子《こ》どもの発達《はったつ》を支援《しえん》するためのサービスです。

最近《さいきん》、**放課後等《ほうかごとう》デイサービス**の送迎車《そうげいしゃ》をよく見《み》かけます。

小中高校《しょうちゅうこうこう》に通《かよ》う、障害《しょうがい》のある子《こ》どもを対象《たいしょう》にしたサービスですね。
放課後《ほうかご》など学校以外《がっこういがい》の時間《じかん》に通《かよ》い、
社会性《しゃかいせい》や生活《せいかつ》スキルを身《み》につけるための支援《しえん》をしています。
学校《がっこう》まで迎《むか》えに来《き》てくれるので、下校時《げこうじ》には送迎車《そうげいしゃ》もよく見《み》かけますね。

夏休《なつやす》みなどにも使《つか》えるの？
親《おや》の代《か》わりに預《あず》かるようなサービスなんですか？

保護者《ほごしゃ》の都合《つごう》などによる一時預《いちじあず》かりは、
別《べつ》に**「日中一時支援《にっちゅういちじしえん》」**というサービスがあります。
放課後等《ほうかごとう》デイサービスは、子《こ》どもの発達支援《はったつしえん》のサービスです。

知《し》り合《あ》いの子《こ》どもが通《かよ》う放課後等《ほうかごとう》デイサービスでは、
毎日《まいにち》、テレビでアニメばかり見《み》ていたそうです。

支援《しえん》の専門性《せんもんせい》が低《ひく》く、子《こ》どもの発達支援《はったつしえん》につながらないような
サービスを行《おこな》っている事業者《じぎょうしゃ》もありました。
そのため2017年《ねん》からは職員《しょくいん》の資格《しかく》が厳《きび》しくなり、
保育士《ほいくし》などの資格《しかく》のある人《ひと》や児童指導員《じどうしどういん》のように
国《くに》が定《さだ》めた条件《じょうけん》を満《み》たした人《ひと》を置《お》くことになっています。

放課後等《ほうかごとう》デイサービスとは

子《こ》どもの**社会性《しゃかいせい》や生活力《せいかつりょく》を高《たか》めるための支援《しえん》**を提供《ていきょう》します。

放課後等《ほうかごとう》デイサービスと日中一時支援《にっちゅういちじしえん》は、
利用《りよう》する時間帯《じかんたい》は似《に》ていますが、担《にな》う役割《やくわり》が違《ちが》います。

日中一時支援《にっちゅういちじしえん》とは

家族《かぞく》の都合《つごう》などによる**一時預《いちじあず》かりです**。

児童期《じどうき》に利用《りよう》できる 障害福祉《しょうがいふくし》サービス一覧《いちらん》

通所《つうしょ》

サービス名称《めいしょう》	サービス概要《がいよう》	利用可能《りようかのう》な年齢等《ねんれいとう》
児童発達支援《じどうはったつしえん》	通所《つうしょ》により身辺自立《しんぺんじりつ》や社会性向上《しゃかいせいこうじょう》などの療育《りょういく》支援《しえん》サービスを提供《ていきょう》。施設基準《しせつきじゅん》などにより「児《じ》童発達支援《どうはったつしえん》センター」と、「児童発達支援事業《じどうはったつしえんじぎょう》」の二《ふた》つのタイプに分《わ》かれる	原則《げんそく》として未就学《みしゅうがく》だが、高校《こうこう》に在籍《ざいせき》していない子《こ》どもも利用可《りようか》
居宅訪問型《きょたくほうもんがた》 児童発達支援《じどうはったつしえん》	最重度障害児《さいじゅうどしょうがいじ》が対象《たいしょう》の支援者《しえんしゃ》が自宅《じたく》を訪問《ほうもん》して個別療育《こべつりょういく》を提供《ていきょう》	未就学《みしゅうがく》から 17 歳《さい》まで
放課後等《ほうかごとう》 デイサービス	通所《つうしょ》により放課後《ほうかご》や長期休暇中《ちょうききゅうかちゅう》の余暇活動《よかかつどう》や療育支援《りょういくしえん》サービスを提供《ていきょう》。保護者《ほごしゃ》の就労支援《しゅうろうしえん》という側面《そくめん》もある	小《しょう》・中《ちゅう》・高校《こうこう》に在籍《ざいせき》する障害児《しょうがいじ》
保育所等《ほいくしょとう》 訪問支援《ほうもんしえん》	保育園《ほいくえん》や幼稚園《ようちえん》、学童保育《がくどうほいく》、養護施設《ようごしせつ》などに在籍《ざいせき》する児童《じどう》へ、保育士《ほいくし》や看護師《かんごし》などの専門《せんもん》スタッフが訪問《ほうもん》して療育支援《りょういくしえん》を提供《ていきょう》	未就学《みしゅうがく》から小学生《しょうがくせい》くらいまで

入所《にゅうしょ》

施設入所《しせつにゅうしょ》 (長期入所《ちょうきにゅうしょ》)	保護者《ほごしゃ》の疾病《しっぺい》などにより家庭《かてい》における養育《よういく》が困難《こんなん》になった際《さい》、障害児施設《しょうがいじしせつ》における長期入《ちょうきにゅう》所《しょ》サービスを提供《ていきょう》	最長《さいちょう》でも 20 歳《さい》まで

障害児《しょうがいじ》の福祉《ふくし》サービス、使《つか》う？使《つか》わない？

障害《しょうがい》のある子《こ》どもが利用《りよう》できる福祉《ふくし》サービスは、増《ふ》えているのですか？

はい。20 年《ねん》くらい前《まえ》に比《くら》べると、驚《おどろ》くほど増《ふ》えています。
特《とく》に、放課後等《ほうかごとう》デイサービスはこの 5 年《ねん》ほどずっと増《ふ》え続《つづ》けているんですよ。

子《こ》どものころから福祉《ふくし》サービスを使《つか》うことで、何《なに》かいいことはありますか。

そうですね。特《とく》に学校《がっこう》へ通《かよ》っている子《こ》どもの場合《ばあい》、
今《いま》までは学校《がっこう》と自宅以外《じたくいがい》の居場所《いばしょ》が少《すく》なかったのですが、
家《いえ》でも学校《がっこう》でもない、第三《だいさん》の居場所《いばしょ》ができました。また、最近《さいきん》は働《はたら》いている
親《おや》が増《ふ》えていますから、学童保育的《がくどうほいくてき》な使《つか》い方《かた》もあるようです。

では逆《ぎゃく》に、あまりよくない影響《えいきょう》はあるのでしょうか。

一《ひと》つあるとすれば、子《こ》どもとのかかわりが少《すく》なくなってしまうことですね。
特《とく》に放課後等《ほうかごとう》デイサービスへ毎日子《まいにちこ》どもを預《あず》けている場合《ばあい》などには、
親子《おやこ》の時間《じかん》が短《みじか》いために子《こ》どもとの接《せっ》し方《かた》が分《わ》からず、ますます
福祉《ふくし》サービスへ預《あず》けたくなってしまう…というケースもあるようです。

どうしたらいいのでしょうか。

たとえば、障害児《しょうがいじ》サービスの職員《しょくいん》は子《こ》どもとかかわるプロですから、
そうした「コツ」を親御《おやご》さんがいっしょに
学《まな》べるような使《つか》い方《かた》ができるといいのではないでしょうか。

福祉《ふくし》サービスを使《つか》うことで、親子《おやこ》の関係《かんけい》がもっとよくなるような
使《つか》い方《かた》を期待《きたい》したいですね。

そのためには、相談支援《そうだんしえん》（→ 28 ページ）の役割《やくわり》が大《おお》きいといえます。

column 3 学校選択《がっこうせんたく》

学校《がっこう》はどう選《えら》ぶ？

地域《ちいき》の学校《がっこう》で学《まな》ぶ

障害《しょうがい》のある子《こ》どもが学校《がっこう》に通《かよ》うとき、どのような進学先《しんがくさき》があるでしょうか。今《いま》から40年《ねん》ほど前《まえ》には、重度《じゅうど》障害《しょうがい》のある子《こ》どもは学校《がっこう》に通《かよ》わなくてもよいというルールもありましたが、今《いま》は障害《しょうがい》に関係《かんけい》なく、できるだけ地域《ちいき》の学校《がっこう》へ通《かよ》う方向《ほうこう》に進《すす》んでいます。

進学先《しんがくさき》には、大《おお》きく「特別《とくべつ》支援《しえん》学校《がっこう》」「地域《ちいき》の学校《がっこう》の特別《とくべつ》支援《しえん》学級《がっきゅう》」「地域《ちいき》の学校《がっこう》の普通《ふつう》学級《がっきゅう》」の3つがあります。

どのような支《ささ》えが必要《ひつよう》か

特別《とくべつ》支援《しえん》学校《がっこう》は、重度《じゅうど》障害《しょうがい》のある子《こ》どもが中心《ちゅうしん》に通《かよ》います。学校《がっこう》の先生《せんせい》も、地域《ちいき》の学校《がっこう》に比《くら》べてたくさんいます。

特別《とくべつ》支援《しえん》学級《がっきゅう》や普通《ふつう》学級《がっきゅう》は、地域《ちいき》の学校《がっこう》に置《お》かれていて、中軽度《ちゅうけいど》障害《しょうがい》のある子《こ》どもが中心《ちゅうしん》に通《かよ》います。

また最近《さいきん》では、重度《じゅうど》障害《しょうがい》の子《こ》どもが地域《ちいき》の学校《がっこう》へ通《かよ》うケースも増《ふ》えてきました。授業《じゅぎょう》によって特別《とくべつ》支援《しえん》学級《がっきゅう》と普通《ふつう》学級《がっきゅう》を使《つか》い分《わ》けるケースもあります。

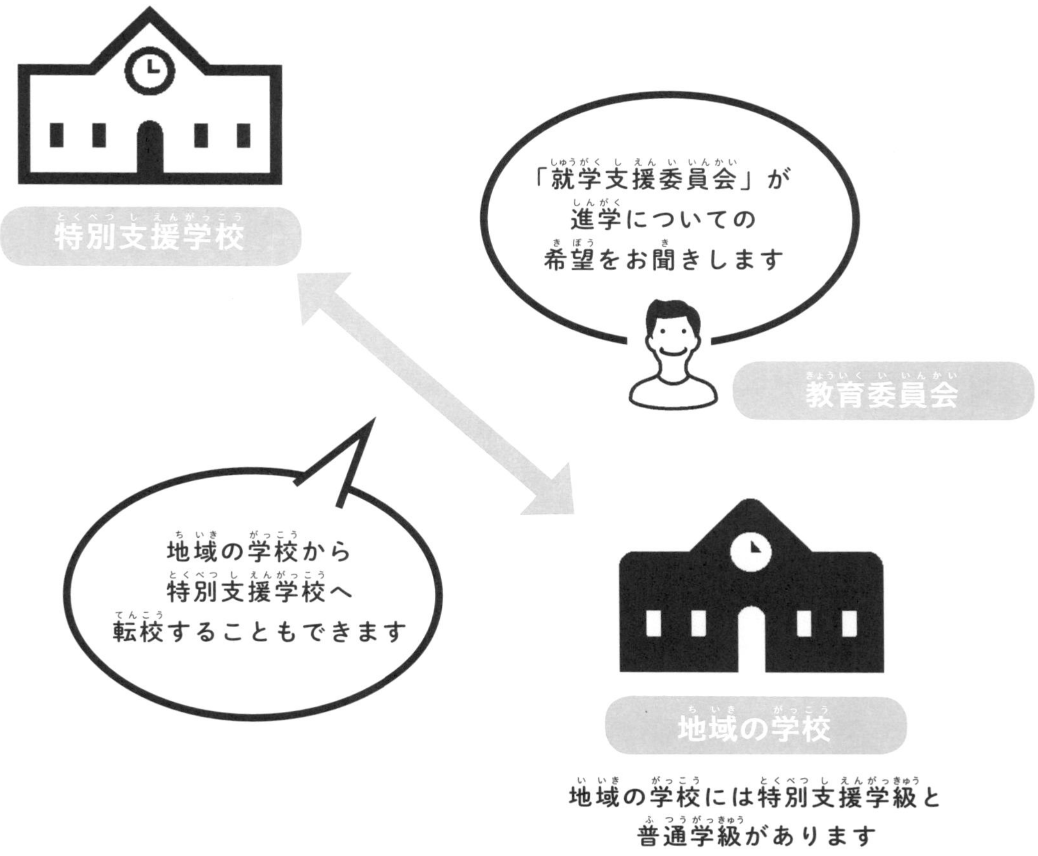

学校《がっこう》の選《えら》び方《かた》が変《か》わった

学校選《がっこうえら》びも最近《さいきん》は大《おお》きく変《か》わっています。今《いま》は、市町村《しちょうそん》の教育委員会《きょういくいいんかい》に置《お》かれている「就学支援委員《しゅうがくしえんいいん》会《かい》」というところで、子《こ》ども本人《ほんにん》と保護者《ほごしゃ》の希望《きぼう》をできるだけ聞《き》いて決定《けってい》することになっています。

とはいえ、選《えら》ぶためにはいろいろな情報《じょうほう》が必要《ひつよう》です。教育委員会《きょういくいいんかい》は子《こ》どもや保護者《ほごしゃ》へ学校《がっこう》を選《えら》ぶための情報提供《じょうほうていきょう》をすることになっています。そして、学《がっ》校《こう》に入《はい》った後《あと》でも、普通学級《ふつうがっきゅう》から特別支援学級《とくべつしえんがっきゅう》へ変《か》わったり、特別支援学校《とくべつしえんがっこう》へ転校《てんこう》したりすることもできることになっています。

生活介護《せいかつかいご》は どういうサービスですか？

日常生活《にちじょうせいかつ》にお手伝《てつだ》いを必要《ひつよう》とする重度障害《じゅうどしょうがい》のある人《ひと》を対象《たいしょう》に、食事《しょくじ》やトイレ、お風呂《ふろ》などの支援《しえん》や、軽《かる》い作業《さぎょう》、運動《うんどう》などのプログラムを提供《ていきょう》します。

「生活介護《せいかつかいご》」とは、どういうサービスですか？

重度《じゅうど》の障害《しょうがい》があって、普段《ふだん》の暮《く》らしにいろいろな
お手伝《てつだ》いを必要《ひつよう》とする人《ひと》が日中《にっちゅう》を過《す》ごすサービスだよ。
事業所《じぎょうしょ》の職員《しょくいん》が、食事《しょくじ》やトイレ、お風呂《ふろ》などのお手伝《てつだ》いをします。

どういう活動《かつどう》をして日中《にっちゅう》を過《す》ごすのですか？

軽《かる》い作業《さぎょう》（仕事《しごと》）やレクリエーション、
生活《せいかつ》する力《ちから》を高《たか》めるプログラムや体《からだ》を動《うご》かすプログラムなどを
行《おこな》うことが多《おお》いですね。

障害支援区分《しょうがいしえんくぶん》などのように、利用《りよう》できる人《ひと》の条件《じょうけん》はあるのですか？

基本的《きほんてき》には、障害支援区分《しょうがいしえんくぶん》が「3」以上《いじょう》であることが条件《じょうけん》です。
ただし、施設入所《しせつにゅうしょ》といっしょに使《つか》う場合《ばあい》は「4」以上《いじょう》になります。
また、50歳以上《さいいじょう》の場合《ばあい》は、逆《ぎゃく》に区分《くぶん》「2」から使《つか》えます。

食事《しょくじ》やトイレ、お風呂《ふろ》などのお手伝《てつだ》いをします

軽《かる》い作業《さぎょう》（仕事《しごと》）や運動《うんどう》、生活《せいかつ》するための力《ちから》を高《たか》めるプログラムなどを行《おこな》います

障害支援区分《しょうがいしえんくぶん》による利用《りよう》の制限《せいげん》があります

通《かよ》いの場合《ばあい》は

区分《くぶん》3～6

施設《しせつ》に入所《にゅうしょ》しながら通《かよ》う場合《ばあい》は

区分《くぶん》4～6

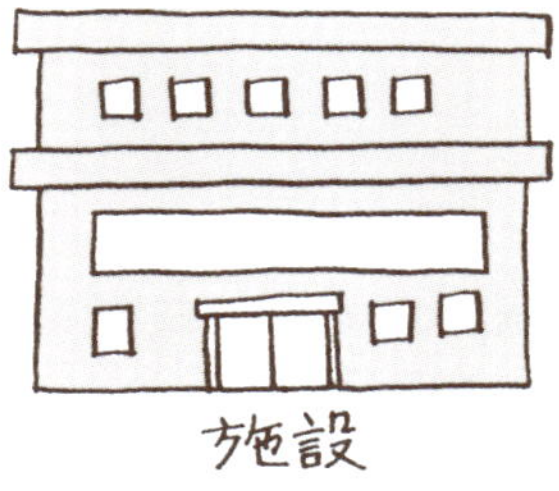

50歳以上《さいいじょう》の場合《ばあい》は区分《くぶん》「2」から使《つか》えます

障害《しょうがい》支援《しえん》区分《くぶん》は どうやって決《き》まる？

障害支援区分《しょうがいしえんくぶん》は、「どれくらいのお手伝《てつだ》いを必要《ひつよう》としているか」を判定《はんてい》する区分《くぶん》のこと。18歳以上《さいいじょう》の人《ひと》が対象《たいしょう》で、7段階《だんかい》に分《わ》かれています。

「障害支援区分《しょうがいしえんくぶん》」ってなんですか？

障害支援区分《しょうがいしえんくぶん》は、障害福祉《しょうがいふくし》サービスの中《なか》でも「介護給付《かいごきゅうふ》」を使《つか》うときに必要《ひつよう》な区分《くぶん》です。
役所《やくしょ》の人《ひと》が聞《き》き取《と》りをして、医者《いしゃ》の診断書《しんだんしょ》を取《と》り寄《よ》せて、認定審査会《にんていしんさかい》というところで決定《けってい》します。

区分《くぶん》はどう分《わ》かれているのですか？

区分《くぶん》は全部《ぜんぶ》で7段階《だんかい》に分《わ》かれています。
数字《すうじ》が大《おお》きくなるほど、お手伝《てつだ》いの必要性《ひつようせい》が高《たか》くなります。
介護給付《かいごきゅうふ》のサービスは、この区分《くぶん》によって利用《りよう》できるサービスが決《き》まるしくみになっているよ。

たとえば生活介護《せいかつかいご》や施設入所《しせつにゅうしょ》を利用《りよう》したい場合《ばあい》はどうなるんですか？

基本的《きほんてき》には、**生活介護《せいかつかいご》の場合《ばあい》は区分《くぶん》「3」以上《いじょう》、施設入所《しせつにゅうしょ》の場合《ばあい》は「4」以上《いじょう》であることが条件《じょうけん》**になっています。

障害支援区分《しょうがいしえんくぶん》はどうやって決《き》まる？

役所《やくしょ》の人《ひと》が、80項目《こうもく》の聞《き》き取《と》り

↓

医師《いし》の診断書《しんだんしょ》

↓

認定審査会《にんていしんさかい》

↓

決定《けってい》

障害支援区分《しょうがいしえんくぶん》と利用条件《りようじょうけん》の例《れい》

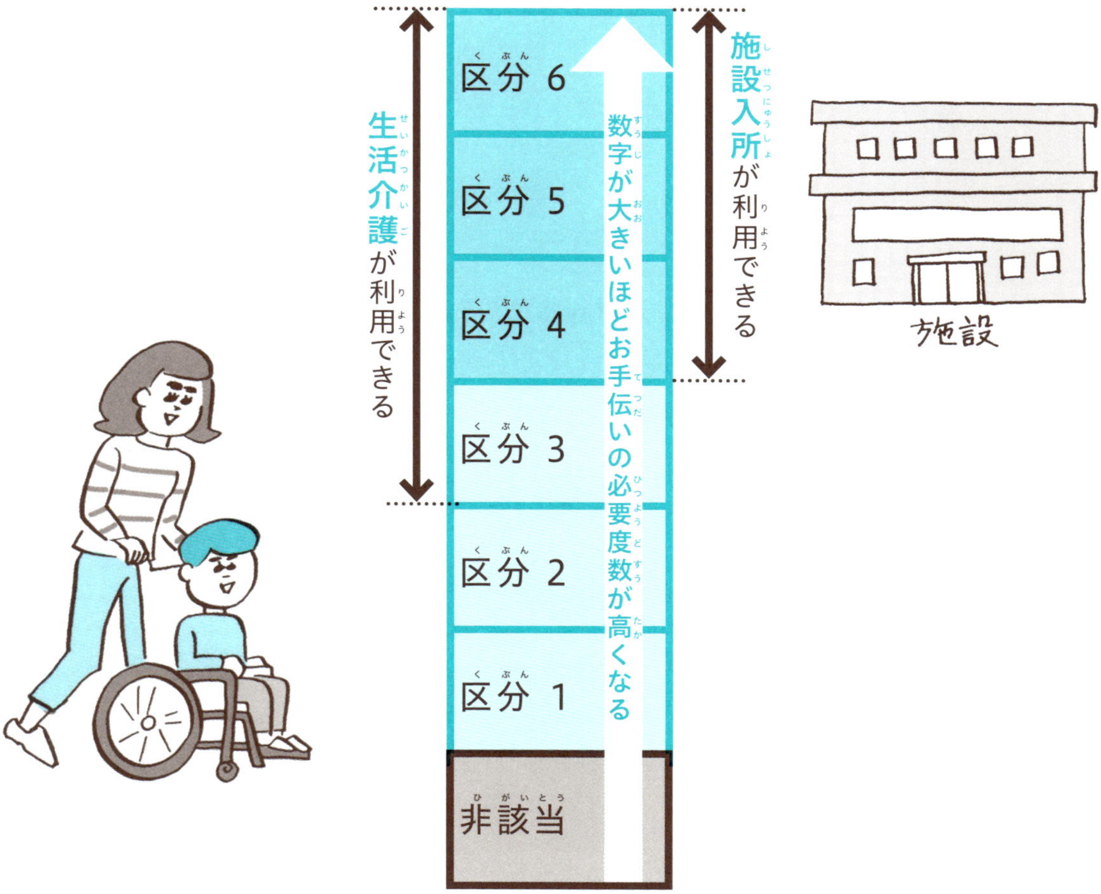

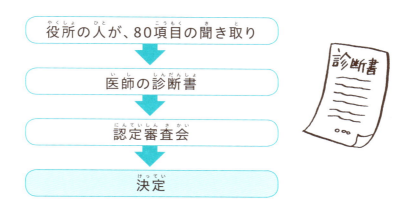

自立訓練《じりつくんれん》（生活訓練《せいかつくんれん》）ってなに？

リハビリをしたり、生活《せいかつ》リズムを身《み》につけたりして、地域《ちいき》で生活《せいかつ》する力《ちから》をつけるためのサービスです。

「自立訓練《じりつくんれん》」とは、どういうサービスですか？

障害《しょうがい》のある人《ひと》が地域《ちいき》で生活《せいかつ》する力《ちから》をつけるためのサービスのことだよ。
主《おも》に身体障害《しんたいしょうがい》のある人《ひと》が使《つか》う「機能訓練《きのうくんれん》」と、
知的《ちてき》・精神障害《せいしんしょうがい》のある人《ひと》が使《つか》う「生活訓練《せいかつくんれん》」の２種類《しゅるい》があります。

そのサービスは、ずっと使《つか》うことができるんですか？

障害支援区分《しょうがいしえんくぶん》に関係《かんけい》なく利用《りよう》することができますが、
生活《せいかつ》する力《ちから》をつけるための訓練《くんれん》が目的《もくてき》なので、
利用《りよう》できる期間《きかん》はある程度限《ていどかぎ》られています。

施設《しせつ》に通《かよ》って利用《りよう》するのですか？

基本的《きほんてき》には通《かよ》いで利用《りよう》するけど、
入所型《にゅうしょがた》の利用《りよう》ができる事業所《じぎょうしょ》もあるし、
事業所《じぎょうしょ》の職員《しょくいん》が訪問《ほうもん》して支援《しえん》してくれる事業所《じぎょうしょ》もあるよ。

自立訓練《じりつくんれん》には2種類《しゅるい》あります

機能訓練《きのうくんれん》

主《おも》に**身体障害《しんたいしょうがい》**の人《ひと》が使《つか》います。

生活訓練《せいかつくんれん》

主《おも》に**知的障害《ちてきしょうがい》**や**精神障害《せいしんしょうがい》**のある人《ひと》が使《つか》います。

自立訓練《じりつくんれん》の利用目安《りようめやす》　約《やく》2年《ねん》

最大《さいだい》で1年延長《ねんえんちょう》できます

通所《つうしょ》で利用《りよう》する方法《ほうほう》のほか、入所《にゅうしょ》や訪問《ほうもん》による利用《りよう》もできます

入所《にゅうしょ》による利用《りよう》

訪問《ほうもん》による利用《りよう》もＯＫ

就労移行支援《しゅうろういこうしえん》って なに？

「会社《かいしゃ》で働《はたら》きたい」「自分《じぶん》の家《いえ》で仕事《しごと》を始《はじ》めたい」と希望《きぼう》する人《ひと》に、働《はたら》くための力《ちから》をつけるお手伝《てつだ》いをします。

「就労移行支援《しゅうろういこうしえん》」とは、どういうサービスですか？

障害《しょうがい》のある人《ひと》が仕事《しごと》をするための力《ちから》をつける
お手伝《てつだ》いをするサービスのことだよ。
仕事《しごと》に必要《ひつよう》なマナーを勉強《べんきょう》したり、会社《かいしゃ》で実習《じっしゅう》したりします。
もちろん、就職《しゅうしょく》する会社《かいしゃ》をいっしょに考《かんが》えてくれるよ。

会社《かいしゃ》での実習《じっしゅう》はどんなものなんですか？

協力《きょうりょく》してもらえる会社《かいしゃ》へ直接《ちょくせつ》行《い》って、実際《じっさい》の仕事《しごと》を体験《たいけん》してみるんだよ。
自分《じぶん》にその仕事《しごと》が向《む》いているかどうか、確認《かくにん》することができます。

自立訓練《じりつくんれん》と同《おな》じように、利用《りよう》できる期間《きかん》が限《かぎ》られるんですか？

はい。就労移行支援《しゅうろういこうしえん》も働《はたら》くための力《ちから》をつけるためのお手伝《てつだ》いなので、
利用《りよう》できる期間《きかん》に目安《めやす》があります。

仕事《しごと》に必要《ひつよう》なあいさつやマナーを身《み》につけるお手伝《てつだ》いをします

実際《じっさい》に会社《かいしゃ》の仕事《しごと》を体験《たいけん》することができます

就労移行支援《しゅうろういこうしえん》の利用目安《りようめやす》　約《やく》2年《ねん》

最大《さいだい》で1年延長《ねんえんちょう》できます

就労定着支援《しゅうろうていちゃくしえん》ってなに？

**障害《しょうがい》のある人《ひと》が一般就労《いっぱんしゅうろう》で働《はたら》き続《つづ》けるための、
生活上《せいかつじょう》の課題《かだい》を支《ささ》えるサービスです。**

2018年《ねん》4月《がつ》から、「就労定着支援《しゅうろうていちゃくしえん》」というサービスが始《はじ》まりましたね。
働《はたら》きはじめてから支援《しえん》を受《う》けられるそうですが、どんなサービスですか？

働《はたら》くための力《ちから》はあるけれど、遅刻《ちこく》しやすい、給料《きゅうりょう》をすぐ使《つか》ってしまうなど
生活面《せいかつめん》で不安《ふあん》がある人《ひと》が対象《たいしょう》のサービスです。

具体的《ぐたいてき》にはどんなことをするのですか？

職員《しょくいん》が、障害《しょうがい》のある人《ひと》や会社《かいしゃ》などと面談《めんだん》や連絡調整《れんらくちょうせい》をして、
生活上《せいかつじょう》の課題《かだい》をサポートしてくれます。
たとえば給料《きゅうりょう》をすぐに使《つか》ってしまう人《ひと》であれば、
社会福祉協議会《しゃかいふくしきょうぎかい》の金銭管理《きんせんかんり》サービスへつないだりします。

特《とく》に一人《ひとり》ぐらししながら働《はたら》いている人《ひと》にとっては心強《こころづよ》いサービスですね。
利用《りよう》するための条件《じょうけん》などはありますか？

大《おお》きく2つあります。
まず、**就労移行支援《しゅうろういこうしえん》などの福祉《ふくし》サービスを使《つか》って就職《しゅうしょく》した人《ひと》であること。**
そして、就職《しゅうしょく》して半年経《はんとした》ってから利用開始《りようかいし》となるということです。

就労定着支援《しゅうろうていちゃくしえん》のイメージ

こんなお手伝《てつだ》いができます

たとえば朝起《あさお》きられずに遅刻《ちこく》しがちな場合《ばあい》

サービスの利用《りよう》には条件《じょうけん》があります

条件《じょうけん》1 障害福祉《しょうがいふくし》サービスを利用《りよう》して就職《しゅうしょく》した人《ひと》が対象《たいしょう》です

※ 特別支援学校《とくべつしえんがっこう》、ハローワークを利用《りよう》した場合《ばあい》は対象外《たいしょうがい》です

条件《じょうけん》2 就職《しゅうしょく》して半年後《はんとしご》から、最大《さいだい》で3年《ねん》まで使《つか》うことができます

送《おく》り出《だ》した事業所《じぎょうしょ》がフォロー

1年《ねん》ごとの支給決定《しきゅうけってい》で、3年《ねん》まで利用可能《りようかのう》

4年目以降《ねんめいこう》は関係機関《かんけいきかん》へ引継《ひきつ》ぎ

就職《しゅうしょく》してから半年《はんとし》	最初《さいしょ》の1年《ねん》	次《つぎ》の1年《ねん》	最後《さいご》の1年《ねん》

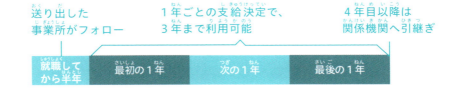

就労継続支援《しゅうろうけいぞくしえん》A型《がた》・B型《がた》は なにが違《ちが》う？①

A型《がた》は事業所《じぎょうしょ》と雇用契約《こようけいやく》を結《むす》んで、支援《しえん》を受《う》けながら働《はたら》くサービスです。

就労継続支援《しゅうろうけいぞくしえん》にはA型《がた》とB型《がた》がありますね。
なにがどう違《ちが》うんですか？

どちらも会社《かいしゃ》などで働《はたら》くことが難《むずか》しい人《ひと》が、
支援《しえん》を受《う》けながら仕事《しごと》をするためのサービスですね。
一番《いちばん》の違《ちが》いは、障害《しょうがい》のある人《ひと》がその事業所《じぎょうしょ》に雇《やと》われているかどうかです。

よくわからないな…。

まず、A型《がた》から説明《せつめい》しますね。A型《がた》では、
そこに通《かよ》う障害《しょうがい》のある人《ひと》はその事業所《じぎょうしょ》に雇《やと》われて仕事《しごと》をします。
事業所《じぎょうしょ》とは福祉《ふくし》サービスの契約《けいやく》だけでなく、
雇《やと》われるための契約《けいやく》（雇用契約《こようけいやく》）も結《むす》びます。
そして、**会社《かいしゃ》と同《おな》じように毎月《まいつき》お給料《きゅうりょう》をもらいます。**

それなら会社《かいしゃ》で働《はたら》くのと同《おな》じですね。

一般《いっぱん》の会社《かいしゃ》で働《はたら》くのが難《むずか》しい人《ひと》が事業所《じぎょうしょ》から支援《しえん》を受《う》けながら働《はたら》くので、
会社《かいしゃ》と福祉《ふくし》サービスのちょうど中間《ちゅうかん》にあるとも言《い》えますね。
ただ、お給料《きゅうりょう》は法律《ほうりつ》で決《き》められた最低賃金《さいていちんぎん》以上《いじょう》の金額《きんがく》をもらえますので、
そこは会社《かいしゃ》と同《おな》じです。

A型《がた》とB型《がた》の違《ちが》い①

	A型《がた》	B型《がた》
利《り》用《よう》対《たい》象《しょう》の人《ひと》	会社《かいしゃ》で働《はたら》くのは 難《むずか》しいものの、 仕事《しごと》する力《ちから》はある人《ひと》	会社《かいしゃ》で働《はたら》くのが難《むず》しく、 軽《かる》い作業《さぎょう》が 向《む》いている人《ひと》
雇《こ》用《よう》の契《けい》約《やく》	結《むす》ぶ（特別《とくべつ》な例外《れいがい》あり）	結《むす》ばない
給料《きゅうりょう》・工賃《こうちん》（※）	法律《ほうりつ》で決《き》められた給料《きゅうりょう》 （月給《げっきゅう》または時給《じきゅう》）を支払《しはら》う	作業内容《さぎょうないよう》や売《う》り上《あ》げなどに 応《おう》じた「工賃《こうちん》」を支払《しはら》う

※ 法律《ほうりつ》で決《き》められた給料《きゅうりょう》は地域《ちいき》によって最低額《さいていがく》が異《こと》なります。
また、工賃《こうちん》は事業所《じぎょうしょ》によって大《おお》きく異《こと》なります。

就労継続支援《しゅうろうけいぞくしえん》A型《がた》・B型《がた》はなにが違《ちが》う？②

B型《がた》は事業所《じぎょうしょ》と雇用契約《こようけいやく》を結《むす》ばないで働《はたら》くサービスです。

A型《がた》のことは分《わ》かりましたが、B型《がた》はどう違《ちが》うんですか？

B型《がた》では、**障害《しょうがい》のある人《ひと》は事業所《じぎょうしょ》に雇《やと》われません。**
雇用《こよう》の契約《けいやく》も結《むす》びません。A型《がた》よりは負担《ふたん》の軽《かる》い作業《さぎょう》が中心《ちゅうしん》で、
お給料《きゅうりょう》ではなく工賃《こうちん》とか手当《てあて》と呼《よ》ばれるお金《かね》を受《う》け取《と》ります。

B型《がた》でもらえる工賃《こうちん》にも、最低賃金《さいていちんぎん》は当《あ》てはめられるのですか？

いいえ。**B型《がた》の場合《ばあい》は雇用契約《こようけいやく》を結《むす》ばない**ので、
法律《ほうりつ》で決《き》められた最低賃金《さいていちんぎん》は当《あ》てはめられません。
工賃《こうちん》の金額《きんがく》は、作業内容《さぎょうないよう》やその売上《うりあげ》に応《おう》じて決《き》められます。
平均《へいきん》で月《つき》1万《まん》5000円《えん》くらいです。

もらえるお金《かね》に差《さ》があるんですね。
A型《がた》のほうが仕事《しごと》の内容《ないよう》は大変《たいへん》なのかな。

たしかにそういう面《めん》はあります。
A型《がた》のほうは仕事中《しごとちゅう》のけがなどを補償《ほしょう》してもらえるという違《ちが》いもあります。
そうした違《ちが》いと仕事内容《しごとないよう》などを調《しら》べて、
その人《ひと》にあった利用先《りようさき》を見《み》つけられるといいですね。

A型《がた》とB型《がた》の違《ちが》い②

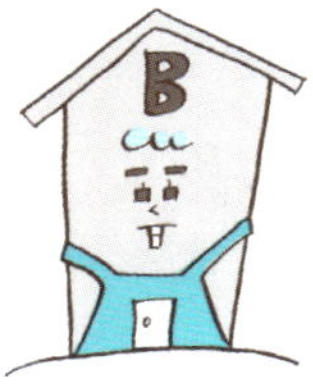

	A型《がた》	B型《がた》
仕事《しごと》の内容《ないよう》	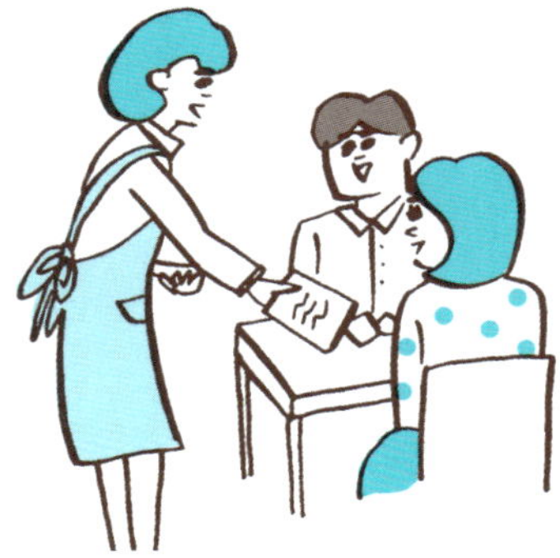 喫茶店《きっさてん》での接客《せっきゃく》、工場《こうじょう》のライン作業《さぎょう》、農作業《のうさぎょう》など	 会社《かいしゃ》の下請《したう》け作業《さぎょう》、パン・クッキーの製造《せいぞう》、清掃作業《せいそうさぎょう》など
もらえるお金《かね》（※）	月《つき》7万円《まんえん》くらい	月《つき》1万《まん》5000円《えん》くらい
けが等《など》の補償《ほしょう》	労災保険《ろうさいほけん》による給料《きゅうりょう》の補償《ほしょう》などがある	事業所《じぎょうしょ》ごとの保険《ほけん》で補償《ほしょう》（工賃《こうちん》の補償《ほしょう》なし）
事業所《じぎょうしょ》の送迎《そうげい》	基本的《きほんてき》に自力《じりき》で通所《つうしょ》	送迎付《そうげいつ》きの事業所《じぎょうしょ》も多《おお》い

※平成《へいせい》28年度《ねんど》平均工賃《へいきんこうちん》

地域《ちいき》活動《かつどう》支援《しえん》センター ってなに？

**以前《いぜん》は「小規模《しょうきぼ》作業所《さぎょうしょ》」とか「デイサービス」などと呼《よ》ばれていました。
地域《ちいき》の状況《じょうきょう》に合《あ》わせて、いろいろな活動《かつどう》を行《おこな》っています。**

「地域《ちいき》活動《かつどう》支援《しえん》センター」とは、どういうサービスですか？

市町村《しちょうそん》が実施《じっし》する**「地域《ちいき》生活《せいかつ》支援《しえん》事業《じぎょう》」(→19ページ)の1つ**だよ。
地域《ちいき》の状況《じょうきょう》によって、レクリエーション活動《かつどう》をしたり、
働《はたら》いている人《ひと》が仕事《しごと》終《お》わりに集《あつ》まる場所《ばしょ》となったり、
いろいろなことをしています。

利用《りよう》の方法《ほうほう》や利用《りよう》できる回数《かいすう》などは、市町村《しちょうそん》が決《き》めるのですか？

そうです。地域《ちいき》活動《かつどう》支援《しえん》センターは市町村《しちょうそん》の事業《じぎょう》なので、
サービスの利用《りよう》ルールは市町村《しちょうそん》が決《き》めることになっています。

地域《ちいき》活動《かつどう》支援《しえん》センターは、最近《さいきん》になってできたサービスなのですか？

最近《さいきん》できた事業所《じぎょうしょ》もあるけど、多《おお》くのところは以前《いぜん》に
「小規模《しょうきぼ》作業所《さぎょうしょ》」とか「デイサービス」などと呼《よ》ばれていました。
事業所《じぎょうしょ》の名前《なまえ》に残《のこ》っているかもしれませんね。

市町村《しちょうそん》の状況《じょうきょう》に応《おう》じて、さまざまな活動《かつどう》を行《おこな》うことができます

地域《ちいき》によっては、軽《かる》い作業《さぎょう》を行《おこな》ったり、働《はたら》いている人《ひと》が仕事終《しごとお》わりに集《あつ》まる場所《ばしょ》になったりしています。

市町村《しちょうそん》がサービスの使《つか》い方《かた》を決《き》めます

同《おな》じ地域活動支援《ちいきかつどうしえん》センターでも使《つか》える回数《かいすう》などに違《ちが》いが…

以前《いぜん》は「小規模作業所《しょうきぼさぎょうしょ》」や「デイサービス」と呼《よ》ばれていました

小規模作業所《しょうきぼさぎょうしょ》
デイサービス
→ 地域活動支援《ちいきかつどうしえん》センター

かよう・はたらく

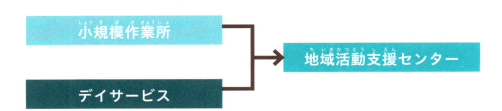

column 4 進路選択《しんろせんたく》

学校《がっこう》を卒業《そつぎょう》したらどうする？

障害《しょうがい》のある子《こ》どもが学校《がっこう》を卒業《そつぎょう》すると、どのような進路《しんろ》があるでしょうか。特別支援学校《とくべつしえんがっこう》の高等部《こうとうぶ》で考《かんが》えると、大《おお》きく5つの進路先《しんろさき》があります。

大学《だいがく》や専門学校《せんもんがっこう》、特別支援学校専攻科《とくべつしえんがっこうせんこうか》への進学《しんがく》、会社《かいしゃ》などへの就職《しゅうしょく》、就職《しゅうしょく》を目指《めざ》す職業訓練《しょくぎょうくんれん》、福祉的《ふくしてき》なお手伝《てつだ》いを受《う》けながら働《はたら》く福祉的就労《ふくしてきしゅうろう》、介助《かいじょ》を受《う》けながら日中《にっちゅう》を過《す》ごす生活介護《せいかつかいご》の5つです。

進学《しんがく》、就職《しゅうしょく》へ向《む》けて

1つ目《め》の進学《しんがく》は、まだ人数《にんずう》は少《すく》ないですが、受験《じゅけん》をクリアして大学《だいがく》や専門学校《せんもんがっこう》などへ通《かよ》う人《ひと》もいます。また、特別支援学校《とくべつしえんがっこう》の専攻科《せんこうか》という、支援《しえん》を受《う》けながら通《かよ》うことができる専門学校《せんもんがっこう》のようなしくみもあります。就職《しゅうしょく》は、最近《さいきん》は障害《しょうがい》のある人《ひと》を雇《やと》う会社《かいしゃ》も、働《はたら》きたい障害《しょうがい》のある人《ひと》も増《ふ》えてきています（↓66ページ）。

また、就職《しゅうしょく》に向《む》けた職業訓練《しょくぎょうくんれん》などを提供《ていきょう》する「就労移《しゅうろうい》行支援《こうしえん》」（↓54ページ）が増《ふ》えているのも、こうした動《うご》きと関係《かんけい》がありそうです。

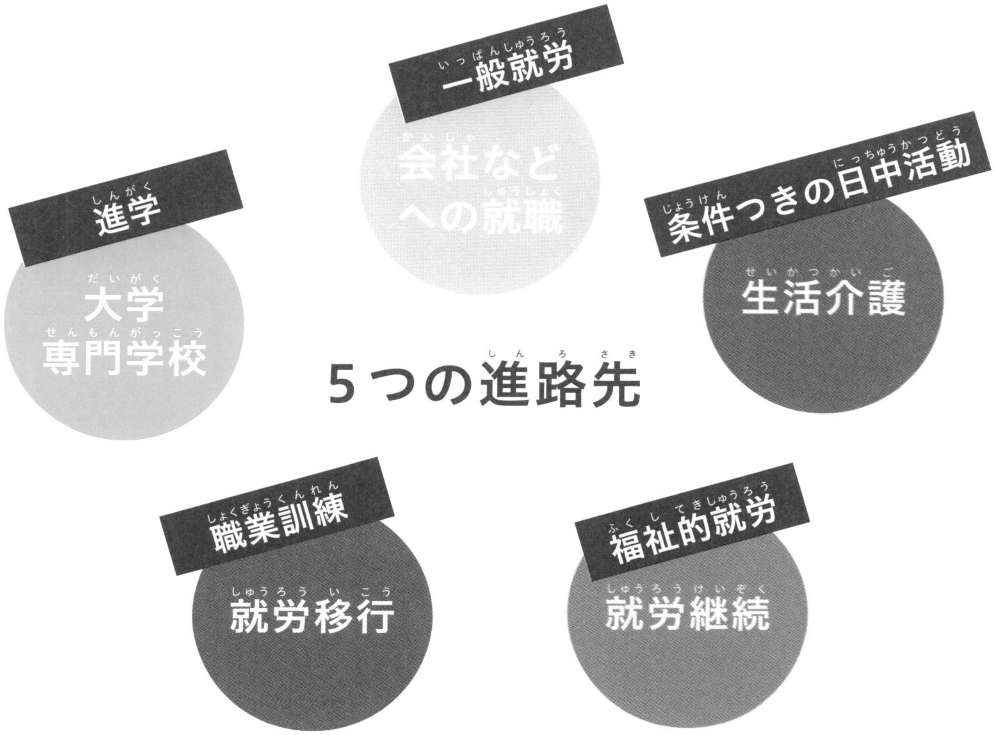

福祉的就労《ふくしてきしゅうろう》を利用《りよう》する

福祉的就労《ふくしてきしゅうろう》は、一般《いっぱん》の会社《かいしゃ》とは異《こと》なり、支援者《しえんしゃ》の手助《てだす》けを受《う》けながら仕事《しごと》をする働《はたら》き方《かた》のことです。主《おも》に「就《しゅう》労継続支援《ろうけいぞくしえん》A型《がた》」や「就労継続支援《しゅうろうけいぞくしえん》B型《がた》」（↓58ページ）というサービスがあります。

生活介護《せいかつかいご》というのは、デイサービスのようなものですが、障害福祉《しょうがいふくし》サービスに「デイサービス」という名前《なまえ》はなく、「生活介護《せいかつかいご》」（↓48ページ）と呼《よ》ばれています。障《しょう》害《がい》の重《おも》い人《ひと》が利用《りよう》しており、支援者《しえんしゃ》が食事《しょくじ》やお風呂《ふろ》、トイレの介助《かいじょ》などを行《おこな》います。

column 5 就労《しゅうろう》と支援機関《しえんきかん》

会社《かいしゃ》で働《はたら》くことをお手伝《てつだ》いするしくみ

会社《かいしゃ》で働《はたら》くことを手伝《てつだ》う法律《ほうりつ》

障害《しょうがい》のある人《ひと》が会社《かいしゃ》で働《はたら》くことをお手伝《てつだ》いするための法律《ほうりつ》として、「障害者雇用促進法《しょうがいしゃこようそくしんほう》」というものがあります。会社《かいしゃ》に対《たい》して、障害《しょうがい》のある人《ひと》を雇《やと》うことや、職場《しょくば》での差別《さべつ》を禁止《きんし》することを定《さだ》めています。

この法律《ほうりつ》では、障害《しょうがい》のある人《ひと》が会社《かいしゃ》で働《はたら》きやすくなるために障害《しょうがい》のある人《ひと》に合《あ》っている仕事《しごと》を集《あつ》めた「特例子《とくれいこ》会社《がいしゃ》」という会社《かいしゃ》も用意《ようい》されています。

障害者雇用促進法《しょうがいしゃこようそくしんほう》

障害者雇用促進法《しょうがいしゃこようそくしんほう》は、
障害《しょうがい》のある人《ひと》が働《はたら》くことを
お手伝《てつだ》いする法律《ほうりつ》です

障害《しょうがい》のある人《ひと》を雇《やと》う義務《ぎむ》

職場《しょくば》での障害者差別《しょうがいしゃさべつ》の禁止《きんし》

働《はたら》く会社《かいしゃ》を探《さが》すには

仕事《しごと》を探《さが》すためにはどうしたらよいでしょうか。よく知《し》られているのが、ハローワーク（職業安定所《しょくぎょうあんていしょ》）です。最近《さいきん》では、障害《しょうがい》のある人《ひと》が会社《かいしゃ》で働《はたら》けるように調整《ちょうせい》する専門《せんもん》の職員《しょくいん》もいます。

その他《ほか》に相談《そうだん》できる場所《ばしょ》として、「障害者就業《しょうがいしゃしゅうぎょう》・生活支援《せいかつしえん》センター」があります。働《はたら》くための相談《そうだん》と、生活《せいかつ》に関《かん》する相談《そうだん》が両方《りょうほう》ともできます。

くらしの相談《そうだん》も

ハローワークは仕事《しごと》に関《かん》する相談《そうだん》だけですが、就業《しゅうぎょう》・生活支援《せいかつしえん》センターでは毎日《まいにち》のくらしに関《かん》することも相談《そうだん》することができます。56ページの「就労定着支援《しゅうろうていちゃくしえん》」と似《に》ていますね。

ハローワーク

仕事《しごと》についての相談《そうだん》が専門《せんもん》です
（全国《ぜんこく》に 544 カ所《しょ》あります）

障害者就業《しょうがいしゃしゅうぎょう》・生活支援《せいかつしえん》センター

仕事《しごと》のことと生活《せいかつ》のことを
両方《りょうほう》とも相談《そうだん》できます
（全国《ぜんこく》に 334 カ所《しょ》あります）

※設置数は、2018 年 4 月現在。

どんなサービスを使《つか》う？

くらしの支《し》援《えん》

4章《しょう》

この章《しょう》では、障害《しょうがい》のある人《ひと》のいろいろなくらし方《かた》を
お手伝《てつだ》いするサービスのことを取《と》り上《あ》げています。
地域《ちいき》の中《なか》でくらしていくための
サービスは増《ふ》えてきました。
自分《じぶん》が考《かんが》えるくらしぶりに合《あ》ったサービスを探《さが》しましょう。

グループホームでは どんなくらし方《かた》ができる？

共同《きょうどう》で生活《せいかつ》のサポートを受《う》けながらくらすことができます。

グループホームって、障害《しょうがい》のある人《ひと》たちが何人《なんにん》かでくらす家《いえ》のこと？

毎日《まいにち》の生活《せいかつ》に支援《しえん》が必要《ひつよう》な人《ひと》たちが、10人以下《にんいか》で
一軒家《いっけんや》やアパートなどの家《いえ》でいっしょにくらすサービスです。
食事《しょくじ》の用意《ようい》や、お風呂《ふろ》、トイレなど身《み》の回《まわ》りのことは、
職員《しょくいん》が手伝《てつだ》ってくれます。
昼間《ひるま》は、それぞれ会社《かいしゃ》や通所施設《つうしょしせつ》に通《かよ》うことが多《おお》いですね。

家賃《やちん》が必要《ひつよう》なのですか？

自分《じぶん》の部屋《へや》の分《ぶん》は、家賃《やちん》を払《はら》わなければなりません。
ただ、収入《しゅうにゅう》が少《すく》ない人《ひと》（住民税《じゅうみんぜい》がゼロの人《ひと》）は、
家賃《やちん》の補助《ほじょ》を受《う》けられます。**国《くに》からの補助《ほじょ》は月《つき》1万円《まんえん》ですが、**
国《くに》とは別《べつ》に家賃補助《やちんほじょ》をしてくれる地域《ちいき》もあります。

一人《ひとり》ぐらしをしたい人《ひと》は、グループホームは難《むずか》しいですよね？

「サテライト型《がた》」と呼《よ》ばれるしくみなら、
グループホームの職員《しょくいん》から支援《しえん》を受《う》けながら、
近《ちか》くのワンルームマンションなどに一人《ひとり》で住《す》むこともできますよ。
ただ、使《つか》える期間《きかん》は2年間《ねんかん》くらいです。

一軒家《いっけんや》やアパートなどに 10人以下《にんいか》でいっしょにくらします

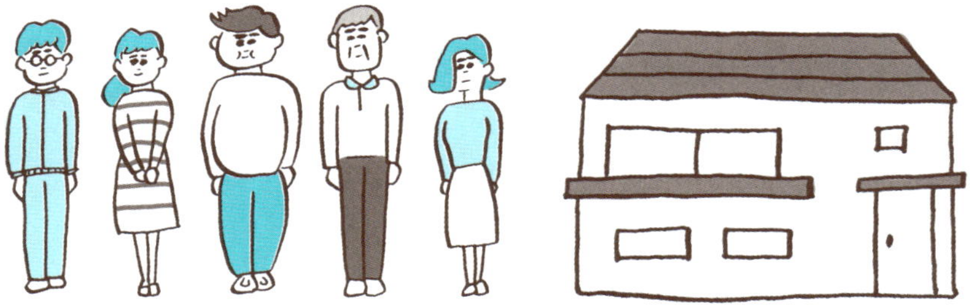

昼間《ひるま》は会社《かいしゃ》や通所《つうしょ》のサービスに通《かよ》います

「サテライト型《がた》」というしくみで 一人《ひとり》ぐらしなどもできます

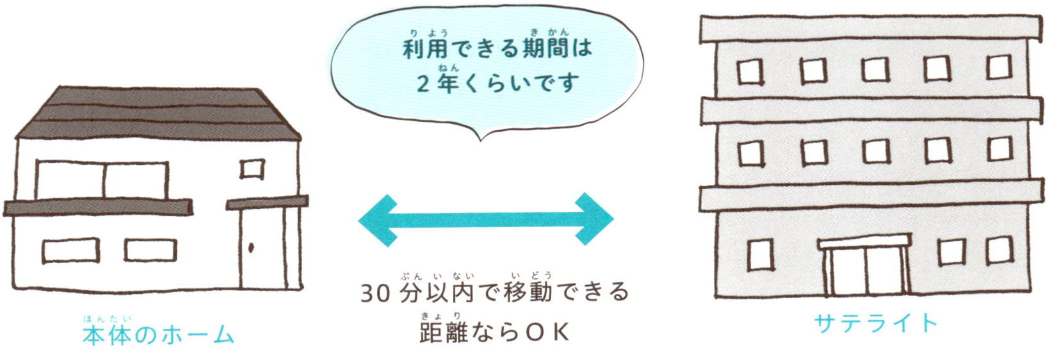

くらす

グループホームの「日中《にっちゅう》サービス支援型《しえんがた》」ってなに?

重度障害《じゅうどしょうがい》や高齢期《こうれいき》の障害《しょうがい》のある人《ひと》を利用対象《りようたいしょう》としたグループホームです。

2018年《ねん》4月《がつ》からはじまった新《あたら》しいグループホームですね。
これまでとはなにが違《ちが》うのですか?

一番《いちばん》の違《ちが》いは、日中活動《にっちゅうかつどう》の支援《しえん》を提供《ていきょう》できる点《てん》です。
今《いま》までグループホームは日中《にっちゅう》を外《そと》で過《す》ごすことが基本《きほん》でした。
でも、重度障害《じゅうどしょうがい》のある人《ひと》や高齢期《こうれいき》の人《ひと》は通《かよ》うのが難《むずか》しい場合《ばあい》もあるので、
日中《にっちゅう》の支援《しえん》もできるグループホームをつくったのです。

そうなると、支援者《しえんしゃ》も増《ふ》えますか?

はい。職員《しょくいん》の配置《はいち》を手厚《てあつ》くできるしくみになっています。
また、このグループホームは2つのグループホームを
組《く》み合《あ》わせることが条件《じょうけん》となっているので、
緊急時《きんきゅうじ》などには相互支援《そうごしえん》することも可能《かのう》です。

それ以外《いがい》にも何《なに》か特徴《とくちょう》がありますか?

短期入所《たんきにゅうしょ》を併設《へいせつ》することです。
地域《ちいき》における緊急対応《きんきゅうたいおう》の役割《やくわり》が期待《きたい》されているといえるでしょう。

「日中《にっちゅう》サービス支援型《しえんがた》」は、新《あたら》しいタイプのグループホームです

重度障害《じゅうどしょうがい》や高齢期《こうれいき》の人《ひと》を中心《ちゅうしん》に、日中《にっちゅう》の支援《しえん》も提供《ていきょう》します

職員《しょくいん》の配置《はいち》が手厚《てあつ》くなります

世話人《せわにん》の配置《はいち》が
最大《さいだい》で３：１
(3人《にん》につき1人《ひとり》) に

常勤看護職員《じょうきんかんごしょくいん》の
配置《はいち》に加算《かさん》あり

２つの
グループホームを
組《く》み合《あ》わせて運営《うんえい》

短期入所《たんきにゅうしょ》が併設《へいせつ》されます

●日中《にっちゅう》サービス支援型《しえんがた》グループホームの定員例《ていいんれい》

定員《ていいん》5人《にん》のグループホーム　定員《ていいん》10人《にん》のグループホーム　定員《ていいん》4人《にん》の短期入所《たんきにゅうしょ》

ホームの定員《ていいん》とは別《べつ》に、短期入所《たんきにゅうしょ》を設置《せっち》します

施設入所支援《しせつにゅうしょしえん》・療養介護《りょうようかいご》

**主《おも》に重度《じゅうど》障害《しょうがい》のある人《ひと》が、
施設《しせつ》や病院《びょういん》で日常生活《にちじょうせいかつ》の支援《しえん》を受《う》けるサービスです。**

施設入所《しせつにゅうしょ》にはどんな種類《しゅるい》があるんですか？

「施設入所支援《しせつにゅうしょしえん》」という種類《しゅるい》と、「療養介護《りょうようかいご》」という種類《しゅるい》があります。
どちらも障害支援区分《しょうがいしえんくぶん》が重度《じゅうど》の判定《はんてい》でないと利用《りよう》できないけれど、
特《とく》に療養介護《りょうようかいご》は医療的《いりょうてき》な支援《しえん》が必要《ひつよう》なくらい重度《じゅうど》の人《ひと》が対象《たいしょう》です。

入所《にゅうしょ》している人《ひと》は、昼《ひる》も夜《よる》も同《おな》じ施設《しせつ》で過《す》ごすのですか？

療養介護《りょうようかいご》の場合《ばあい》は昼《ひる》も夜《よる》も同《おな》じ施設《しせつ》で過《す》ごします。
施設入所支援《しせつにゅうしょしえん》の場合《ばあい》、多《おお》くは同《おな》じ施設《しせつ》で昼間《ひるま》も過《す》ごすけれど、
制度的《せいどてき》には**別《べつ》の通所《つうしょ》サービスなどを利用《りよう》することができます**。

障害支援区分《しょうがいしえんくぶん》が軽《かる》い判定《はんてい》の人《ひと》は絶対《ぜったい》に入所施設《にゅうしょしせつ》を使《つか》えないのですか？

どうしてもやむを得《え》ない事情《じじょう》がある場合《ばあい》は、使《つか》えることもあります。
その場合《ばあい》は、必《かなら》ず相談支援事業所《そうだんしえんじぎょうしょ》がサービス等利用計画《とうりようけいかく》を作《つく》って、
どうして必要《ひつよう》なのかを明《あき》らかにするルールになっています。

基本的《きほんてき》には、障害支援区分《しょうがいしえんくぶん》による
利用《りよう》の制限《せいげん》があります

施設入所支援《しせつにゅうしょしえん》

区分《くぶん》 4 以上《いじょう》
（50 歳《さい》以上《いじょう》の人《ひと》は
区分《くぶん》 3 以上《いじょう》）

療養介護《りょうようかいご》

区分《くぶん》 5 以上《いじょう》
（ただし条件付《じょうけんつ》き）

施設入所支援《しせつにゅうしょしえん》の場合《ばあい》、
昼間《ひるま》は別《べつ》の場所《ばしょ》に通《かよ》うことができます

療養介護《りょうようかいご》の場合《ばあい》は、昼《ひる》も夜《よる》も同《おな》じ施設《しせつ》で過《す》ごします

施設入所《しせつにゅうしょ》の場合《ばあい》は、
やむを得《え》ない事情《じじょう》がある場合《ばあい》に限《かぎ》って、
区分《くぶん》「3」以下《いか》の人《ひと》でも利用《りよう》できます

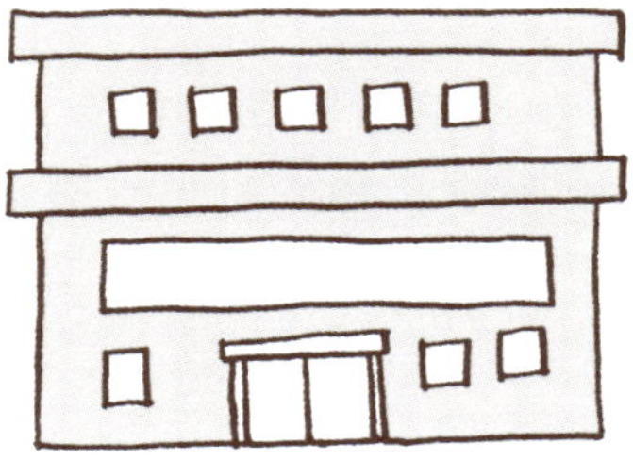

区分《くぶん》 1 ～ 3 の人《ひと》

一人《ひとり》ぐらしを支《ささ》える「自立生活援助《じりつせいかつえんじょ》」って？

障害《しょうがい》のある人《ひと》の自立《じりつ》した生活《せいかつ》をお手伝《てつだ》いするサービスです。

くらしのことを一人《ひとり》でできるようになるためのサービスですね。
具体的《ぐたいてき》にはどんなことをするのですか？

月《つき》に3・4回《かい》、利用者《りようしゃ》の自宅《じたく》を訪問《ほうもん》してくらしぶりを確認《かくにん》したり、
ちょっとした相談《そうだん》に乗《の》ったりします。
困《こま》ったときに連絡《れんらく》すれば、解決《かいけつ》の方法《ほうほう》をいっしょに考《かんが》えてくれます。

たとえば、うまく部屋《へや》を片付《かたづ》けられずに散《ち》らかっているときは？

ヘルパーではないので部屋《へや》の片付《かたづ》けはしません。代《か》わりに、
どうしたら部屋《へや》を片付《かたづ》けられるようになるか、方法《ほうほう》を考《かんが》えてくれます。

どういう人《ひと》が利用《りよう》できるのですか？

入所《にゅうしょ》・入院《にゅういん》やグループホームなどから地域生活《ちいきせいかつ》へ移《うつ》る人《ひと》が中心《ちゅうしん》ですが、
自立生活《じりつせいかつ》が実現《じつげん》できそうな人《ひと》は幅広《はばひろ》く対象《たいしょう》となる可能性《かのうせい》があります。
利用期間《りようきかん》は1年《ねん》が基本《きほん》で、特《とく》に必要《ひつよう》がある場合《ばあい》は延長《えんちょう》も可能《かのう》です。

自立生活援助《じりつせいかつえんじょ》のイメージ

何《なに》もないとき

困《こま》りごとが起《お》きたとき

ヘルパーサービスではありません

たとえば部屋《へや》が散《ち》らかっているとき

ヘルパーは決《き》められたとおり片付《かたづ》けます

自立生活援助《じりつせいかつえんじょ》は片付《かたづ》け方《かた》をいっしょに考《かんが》えます

実際《じっさい》の運用《うんよう》は市町村《しちょうそん》によって異《こと》なります

同《おな》じ自立生活援助《じりつせいかつえんじょ》でも使《つか》える回数《かいすう》などに違《ちが》いが…

column 6 くらす

地《ち》域《いき》でくらすときの場《ば》所《しょ》いろいろ

知的障害《ちてきしょうがい》のある人《ひと》の場合《ばあい》、自宅《じたく》で家族《かぞく》といっしょにくらしている人《ひと》が多《おお》いのが実状《じつじょう》です。

家族《かぞく》とくらしている場合《ばあい》でも、一人《ひとり》ぐらしに向《む》けた練《れん》習《しゅう》として家事援助《かじえんじょ》のヘルパー（↓80ページ）を使《つか》っている人《ひと》はいます。また、家族《かぞく》が高齢《こうれい》になって介護《かいご》を受《う》けるようになった場合《ばあい》は「自立生活援助《じりつせいかつえんじょ》」（↓76ページ）を使《つか》うこともできます。一人《ひとり》ぐらしをしている人《ひと》も、パートナーを見《み》つけて二人《ふたり》でくらしている人《ひと》もいます。

一人《ひとり》ぐらし、はじめの一歩《いっぽ》

「一人《ひとり》ぐらし」と聞《き》くと、身《み》の回《まわ》りのことを全部《ぜんぶ》一人《ひとり》でやれないと難《むずか》しいように思《おも》う方《かた》もいるかもしれません

知的障害《ちてきしょうがい》のある人《ひと》が
くらしている場所《ばしょ》の割合《わりあい》

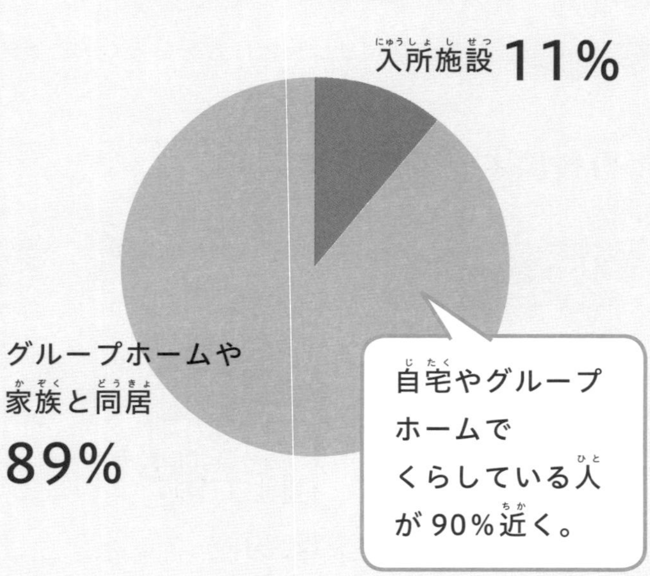

が、そんなことはありません。一人《ひとり》で難《むずか》しいことは、ヘルパーさんにお願《ねが》いすることもできます。ただ、ヘルパーさんは、使《つか》える日《ひ》や時間《じかん》が限《かぎ》られます。ですから、自分《じぶん》ができることを増《ふ》やせば、それだけ自分《じぶん》のペースでくらせるようになります。

地域《ちいき》でくらすお手伝《てつだ》い

最近《さいきん》では、「シェアハウス」と呼《よ》ばれる住《す》まい方《かた》や、「居住支援団体《きょじゅうしえんだんたい》」と呼《よ》ばれるお手伝《てつだ》いが注目《ちゅうもく》されています。シェアハウスとは、一《ひと》つの建物《たてもの》に、家族《かぞく》ではない人《ひと》がいっしょに住《す》むくらし方《かた》のことです。自分《じぶん》の部屋《へや》はありますが、いっしょに使《つか》う部屋《へや》もあり、グループホームに似《に》ています。グループホームではありませんから、生《せい》活《かつ》のお手伝《てつだ》いが必要《ひつよう》な場合《ばあい》はヘルパーさんを使《つか》います。

居住支援団体《きょじゅうしえんだんたい》は、部屋《へや》を貸《か》す人《ひと》と借《か》りたい人《ひと》の中《なか》に入《はい》って、お互《たが》いが心配《しんぱい》なく住《す》むことができるようにお手伝《てつだ》いする団体《だんたい》のことです。特《とく》に中軽度《ちゅうけいど》の知的障害《ちてきしょうがい》のある人《ひと》が自分《じぶん》で部屋《へや》を借《か》りたいときには心強《こころづよ》いですね。

居住支援団体《きょじゅうしえんだんたい》のしくみ

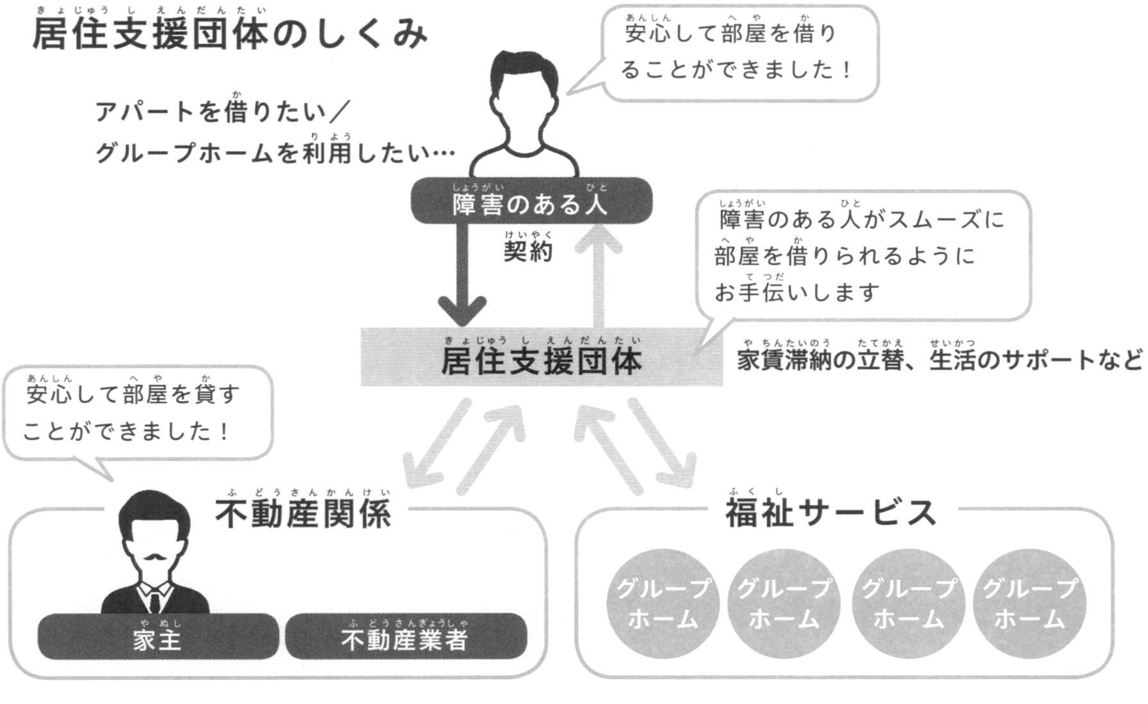

「ホームヘルプ（居宅介護《きょたくかいご》）」ってどんなサービスですか？

自宅《じたく》などにホームヘルパーが来《き》て、入浴《にゅうよく》や食事《しょくじ》の手伝《てつだ》い、掃除《そうじ》・買《か》い物《もの》などを行《おこな》うサービスです。

「ヘルパーさん」ってよく聞《き》くけど、どんなサービスなんですか？

お風呂《ふろ》や食事《しょくじ》、掃除《そうじ》や買《か》い物《もの》などのお手伝《てつだ》いが必要《ひつよう》な人《ひと》の家《いえ》に来《き》て、
手助《てだす》けしてくれるサービスです。「居宅介護《きょたくかいご》」という名前《なまえ》で、
障害支援区分《しょうがいしえんくぶん》が「1」以上《いじょう》の人《ひと》が利用《りよう》できます。
障害支援区分《しょうがいしえんくぶん》が「4」以上《いじょう》の人《ひと》で条件《じょうけん》を満《み》たす場合《ばあい》には、
グループホームにも来《き》てくれますよ。

ヘルパーさんは病院《びょういん》とか会社《かいしゃ》に行《い》くときにも付《つ》き添《そ》ってくれる？

通院《つういん》や、通所施設《つうしょしせつ》など福祉《ふくし》サービスの事業所《じぎょうしょ》を
見学《けんがく》するときの外出《がいしゅつ》には「通院等介助《つういんとうかいじょ》」というサービスがあって、
付《つ》き添《そ》ってもらえます。
でも、学校《がっこう》や会社《かいしゃ》に通《かよ》うときの付《つ》き添《そ》いをずっと頼《たの》むことはできません。

長《なが》い時間《じかん》、ヘルパーさんに来《き》てもらうことはできますか？

「重度訪問介護《じゅうどほうもんかいご》」というサービスなら、長《なが》い時間使《じかんつか》えます。
くらしのいろいろな場面《ばめん》で支援《しえん》を受《う》けるために、
10時間以上使《じかんいじょうつか》っている人《ひと》もいますよ。
ただし、**手《て》や足《あし》の障害《しょうがい》や行動障害《こうどうしょうがい》がとても重《おも》い人《ひと》だけが対象《たいしょう》**です。

ヘルパーが家《いえ》に来《き》てお手伝《てつだ》いしてくれます

区分《くぶん》１以上《いじょう》で使《つか》えます

重度訪問介護《じゅうどほうもんかいご》では、ヘルパーの各種支援《かくしゅしえん》を総合的《そうごうてき》に提供《ていきょう》します。見守《みまも》り支援《しえん》も実施《じっし》します。

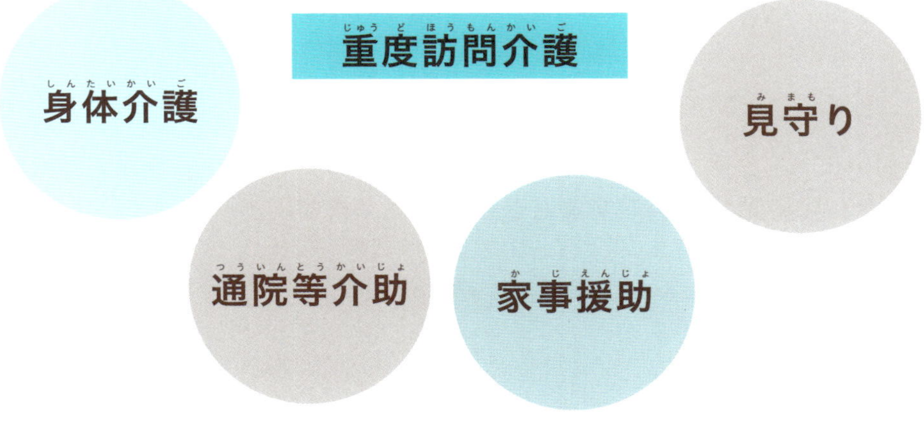

「出《で》かける」ことをお手伝《てつだ》いするサービス

一人《ひとり》で移動《いどう》することが難《むずか》しい場合《ばあい》、ヘルパーが付《つ》き添《そ》って案内《あんない》などをするサービスがあります。「移動支援《いどうしえん》」「行動援護《こうどうえんご》」「同行援護《どうこうえんご》」などの種類《しゅるい》があります。

障害《しょうがい》のある人《ひと》が出《で》かけるときに使《つか》えるサービスはありますか？

障害《しょうがい》の内容《ないよう》や状態《じょうたい》などによって、いくつかのサービスがあります。
知的障害《ちてきしょうがい》のある人《ひと》の場合《ばあい》は、
「移動支援《いどうしえん》」「行動援護《こうどうえんご》」「重度訪問介護《じゅうどほうもんかいご》」の３つが対象《たいしょう》になります。

知的障害《ちてきしょうがい》以外《いがい》の人《ひと》にも同《おな》じようなサービスがあるのですか？

重度訪問介護《じゅうどほうもんかいご》は、重《おも》い手足《てあし》の障害《しょうがい》のある人《ひと》も使《つか》えます。
そのほか、**目《め》の不自由《ふじゆう》な人《ひと》には「同行援護《どうこうえんご》」というサービスがあります。**

どういう使《つか》い方《かた》があるんですか？

地域《ちいき》によって多少《たしょう》違《ちが》うけど、休《やす》みの日《ひ》に遊《あそ》びへ行《い》くときや、
役所《やくしょ》へ手続《てつづ》きに出《で》かけるとき、
みんなで話《はな》し合《あ》いをするときなどに使《つか》えます。

出《で》かけるときの支援《しえん》は

移動支援《いどうしえん》

一人《ひとり》で出《で》かけることが難《むずか》しい人《ひと》にヘルパーが付《つ》き添《そ》います

行動援護《こうどうえんご》

行動面《こうどうめん》で特別《とくべつ》な注意《ちゅうい》を必要《ひつよう》とする人《ひと》の見《み》守《まも》りをします

重度訪問介護《じゅうどほうもんかいご》

重度《じゅうど》の手足《てあし》の障害《しょうがい》や行動障害《こうどうしょうがい》のある人《ひと》が使《つか》うサービスです

手足《てあし》に重《おも》い障害《しょうがい》のある人《ひと》、目《め》の不自由《ふじゆう》な人《ひと》は

重度訪問介護《じゅうどほうもんかいご》

同行援護《どうこうえんご》

どんなときに使《つか》える？

遊《あそ》びに行《い》くときや、
役所《やくしょ》へ手続《てつづ》きに出《で》かけるとき、
みんなで話《はな》し合《あ》いをする
ときなどに使《つか》えます。

日帰《ひがえ》りで預《あず》かってくれるサービスはありますか？

日中《にっちゅう》の活動《かつどう》の場《ば》を確保《かくほ》して、家族《かぞく》の生活《せいかつ》を支《ささ》える「日中一時支援《にっちゅういちじしえん》」があります。

家族《かぞく》の用事《ようじ》でどうしてもその日《ひ》だけ障害《しょうがい》のある人《ひと》を預《あず》かってほしい、
という場合《ばあい》はどういうサービスがありますか？

学校《がっこう》の放課後《ほうかご》や休日《きゅうじつ》に、
日帰《ひがえ》りで一時預《いちじあず》かりするサービスのことを
「日中一時支援《にっちゅういちじしえん》」と呼《よ》びます。
市町村《しちょうそん》が実施《じっし》する「地域生活支援事業《ちいきせいかつしえんじぎょう》」の一《ひと》つですね。

利用《りよう》の方法《ほうほう》や利用《りよう》できる回数《かいすう》などは、市町村《しちょうそん》が決《き》めるのですか？

そうです。サービスの利用《りよう》ルールや活動内容《かつどうないよう》などは、
市町村《しちょうそん》が決《き》めることになっています。

たとえばどんなことをしているのですか？

学校《がっこう》の放課後《ほうかご》であれば、おやつを作《つく》るところもあるし、
休日《きゅうじつ》であれば部屋《へや》の中《なか》で遊《あそ》んだり、
外《そと》へ出《で》かけたりするところもあります。

日中一時支援《にっちゅういちじしえん》は、家族《かぞく》の都合《つごう》などによる一時預《いちじあず》かりの支援《しえん》です

サービスの利用《りよう》ルールは市町村《しちょうそん》ごとに違《ちが》います

同《おな》じ日中一時支援《にっちゅういちじしえん》でも使《つか》える回数《かいすう》などに違《ちが》いが…

活動内容《かつどうないよう》は、地域《ちいき》や事業所《じぎょうしょ》によって様々《さまざま》です

何日間《なんにちかん》か預《あず》かってくれるサービスはありますか？

一時的《いちじてき》に入所《にゅうしょ》サービスを受《う》けることができる「短期入所《たんきにゅうしょ》」があります。

障害《しょうがい》のある人《ひと》を日帰《ひがえ》りで一時預《いちじあず》かりするサービスは分《わ》かりましたが、
家族《かぞく》の急病《きゅうびょう》などで何日《なんにち》か預《あず》かりが必要《ひつよう》なこともありますよね。

障害《しょうがい》のある人《ひと》が何日《なんにち》か一時的《いちじてき》に施設《しせつ》で生活《せいかつ》するのが
「短期入所《たんきにゅうしょ》（ショートステイ）」と呼《よ》ばれているサービスです。
障害支援区分《しょうがいしえんくぶん》が「1」以上《いじょう》であれば使《つか》うことができます。

どういうときに使《つか》えますか？

家族《かぞく》が急病《きゅうびょう》のとき以外《いがい》でも、親族《しんぞく》の結婚式《けっこんしき》やお葬式《そうしき》、
家族《かぞく》が少《すこ》し休《やす》みたいときなどにも使《つか》うことができます。

「短期入所《たんきにゅうしょ》」という名前《なまえ》なので、
入所施設以外《にゅうしょしせついがい》では受《う》け入《い》れができないのですか？

そんなことはありません。
入所施設《にゅうしょしせつ》で実施《じっし》しているケースが多《おお》いけど、
条件《じょうけん》を満《み》たせば、**グループホームや通所《つうしょ》タイプの施設《しせつ》でも実施《じっし》できます**。
これを「単独型短期入所《たんどくがたたんきにゅうしょ》」と呼《よ》びます。

障害支援区分《しょうがいしえんくぶん》が「1」以上《いじょう》の人《ひと》が使《つか》えます

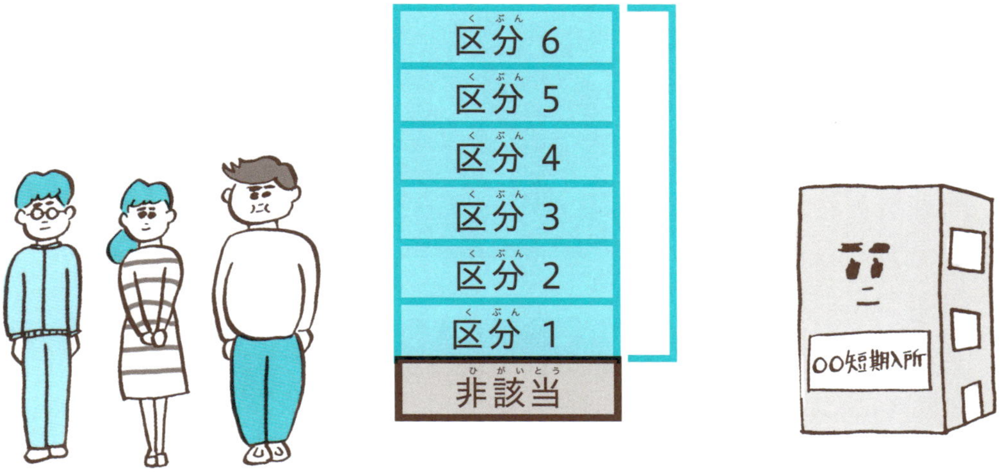

家族《かぞく》の急《きゅう》な病気《びょうき》やけが、家族《かぞく》の休養《きゅうよう》など、様々《さまざま》な理由《りゆう》で利用《りよう》することができます

条件《じょうけん》を満《み》たせば、グループホームや通所《つうしょ》タイプの施設《しせつ》でも受《う》け入《い》れることができます

「単独型事業所《たんどくがたじぎょうしょ》」と呼《よ》びます

column 7 お金《かね》

地域《ちいき》生活《せいかつ》にお金《かね》はどれくらい必要《ひつよう》？

障害《しょうがい》のあるなしに関係《かんけい》なく、生活《せいかつ》のためにはいろいろな場面《ばめん》でお金《かね》が必要《ひつよう》になります。障害《しょうがい》のある人《ひと》が地域《ちいき》でくらすためには、どのくらいのお金《かね》が必要《ひつよう》になるでしょうか。

たとえば家賃《やちん》が5万円《まんえん》くらいだったら、食事《しょくじ》のお金《かね》や電気《でんき》・水道《すいどう》のお金《かね》、スマホのお金《かね》やお小遣《こづか》いなどをできるだけ節約《せつやく》した場合《ばあい》でも、1カ月《げつ》に12万円《まんえん》くらいは必要《ひつよう》だといわれています。

自分《じぶん》だけでお金《かね》を用意《ようい》できないときは

大人《おとな》になったら、くらしに必要《ひつよう》なお金《かね》は自分《じぶん》で用意《ようい》することになります。障害《しょうがい》のある人《ひと》の場合《ばあい》は、自分《じぶん》のお給《きゅう》料《りょう》・工賃《こうちん》や、年金《ねんきん》や手当《てあて》などから用意《ようい》します。

しかし、重《おも》い障害《しょうがい》がある人《ひと》のように、自分《じぶん》だけではお金《かね》を用意《ようい》するのが難《むずか》しいケースもあります。年金《ねんきん》や手当《てあて》のしくみがしっかりしていればよいのですが、今《いま》のところは親《おや》や家族《かぞく》に手伝《てつだ》ってもらう必要《ひつよう》がありそうです。

特定贈与信託《とくていぞうよしんたく》のしくみ

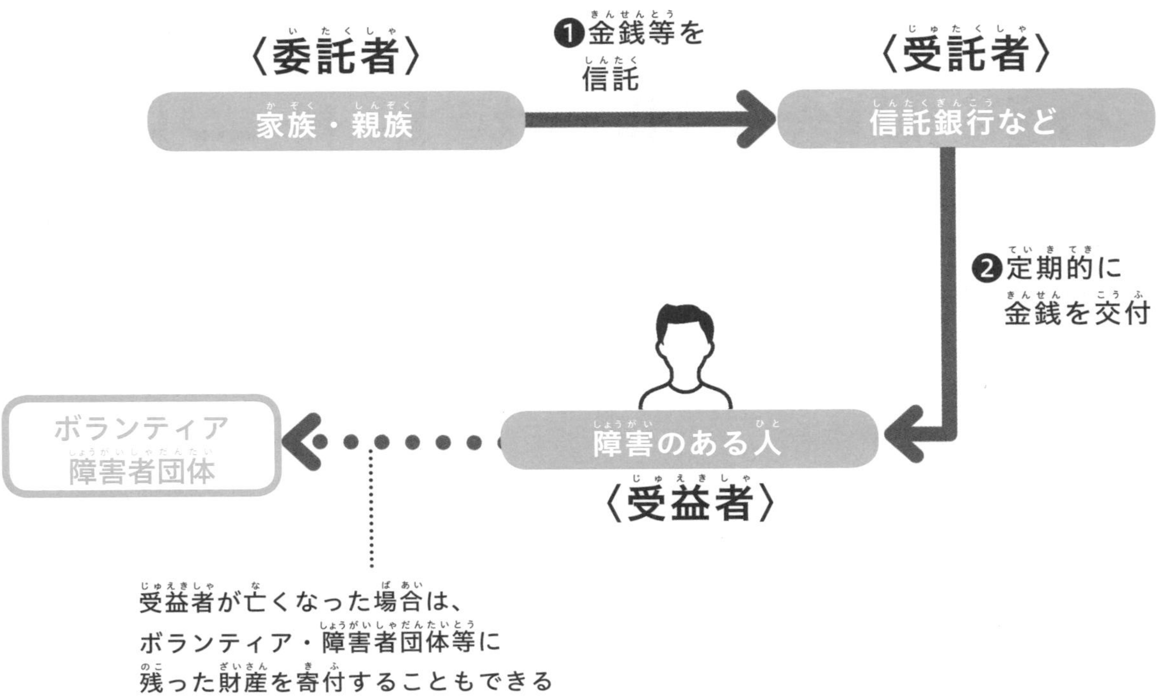

家族《かぞく》のお金《かね》の残《のこ》しかた

親《おや》や家族《かぞく》が障害《しょうがい》のある人《ひと》へお金《かね》を残《のこ》す方法《ほうほう》はいろいろあります。よく使《つか》われているのは「障害者扶養共済制度《しょうがいしゃふようきょうさいせいど》」（↓94ページ）や、「特定贈与信託《とくていぞうよしんたく》」などです。

特定贈与信託《とくたいぞうよしんたく》とは、親《おや》や家族《かぞく》がまとまったお金《かね》を信託《しんたく》銀行《ぎんこう》などへ預《あず》けて、そのお金《かね》を信託銀行《しんたくぎんこう》から障害《しょうがい》のある人《ひと》へ払《はら》っていくしくみです。たとえば「１５００万円《まんえん》預《あず》けて、毎月《まいつき》3万円《まんえん》ずつ本人《ほんにん》へ払《はら》う」というような条件《じょうけん》を決《き》めることができます。最大《さいだい》で６０００万円《まんえん》までは税金《ぜいきん》が免除《めんじょ》されるというメリットもあります。

親《おや》や家族《かぞく》が亡《な》くなって遺産《いさん》が残《のこ》された場合《ばあい》は、誰《だれ》にどれくらい残《のこ》したいのか、「遺言書《ゆいごんしょ》」で決《き》めておく必要《ひつよう》があります。ただ、どういう方法《ほうほう》でお金《かね》を残《のこ》すにしても、そのお金《かね》を守《まも》るためのしくみをいっしょに考《かんが》える必要《ひつよう》があるでしょう。「成年後見制度《せいねんこうけんせいど》」（↓98ページ）の利用《りよう》も一《ひと》つの方法《ほうほう》です。

65歳《さい》になったら 介護保険《かいごほけん》と障害福祉《しょうがいふくし》サービス

介護保険《かいごほけん》が基本《きほん》ですが、介護保険《かいごほけん》にないものは障害福祉《しょうがいふくし》サービスが使《つか》えます。

障害《しょうがい》のある人《ひと》でも65歳《さい》になったら、
障害福祉《しょうがいふくし》サービスから介護保険制度《かいごほけんせいど》へ移《うつ》ることになるのですか？
介護保険《かいごほけん》は自己負担《じこふたん》が1割《わり》なので、心配《しんぱい》している人《ひと》もいますよね。

基本《きほん》はそうですが、介護保険《かいごほけん》に障害福祉《しょうがいふくし》サービスと似《に》たものがない場合《ばあい》、
引《ひ》き続《つづ》き障害福祉《しょうがいふくし》サービスを利用《りよう》できます。
大《おお》きく3つあって、**「外出付添《がいしゅつつきそい》サービス」「就労支援《しゅうろうしえん》サービス」**
「認知症以外《にんちしょういがい》のグループホーム」です。

思《おも》ったより多《おお》いですね。

これとは別《べつ》に、入所施設《にゅうしょしせつ》は介護保険制度《かいごほけんせいど》の対象外《たいしょうがい》なので、
入所《にゅうしょ》している人《ひと》は障害福祉《しょうがいふくし》サービスを利用《りよう》することになります。

もしかして、介護保険《かいごほけん》に同《おな》じようなサービスがあまりないのですか？

介護保険制度《かいごほけんせいど》へ移《うつ》るのは、**自宅《じたく》に来《く》るホームヘルプ**（**居宅介護《きょたくかいご》**）、
ショートステイ（短期入所《たんきにゅうしょ》）、通所《つうしょ》の生活介護《せいかつかいご》の3つになります。

65歳《さい》になったら、介護保険制度《かいごほけんせいど》を使《つか》うことが基本《きほん》です

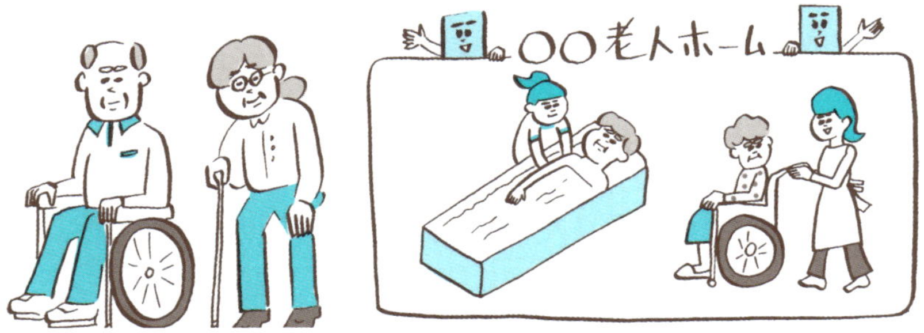

障害《しょうがい》のあるなしに関係《かんけい》なく、原則《げんそく》として**65歳《さい》以上の人《ひと》は介護保険制度《かいごほけんせいど》**を使《つか》います

介護保険制度《かいごほけんせいど》に同《おな》じようなサービスがない場は、引《ひ》き続《つづ》き障害福祉《しょうがいふくし》サービスを使《つか》えます

外出《がいしゅつ》に付《つ》き添《そ》うヘルパー、就労支援《しゅうろうしえん》サービス、認知症以外《にんちしょういがい》のグループホームは

介護保険《かいごほけん》に同《おな》じようなサービスがありません

介護保険制度《かいごほけんせいど》に移《うつ》るのは次《つぎ》の3つです

居宅介護《きょたくかいご》（ホームヘルプ）、**短期入所《たんきにゅうしょ》（ショートステイ）**、**通所《つうしょ》の生活介護《せいかつかいご》は**

介護保険《かいごほけん》へ移《うつ》ります

この3つの扱《あつか》いは次《つぎ》のページで！

介護保険《かいごほけん》でも事業所《じぎょうしょ》そのまま「共生型《きょうせいがた》」ってなに？

通《つか》い慣《な》れた事業所《じぎょうしょ》に在籍《ざいせき》したまま、介護保険制度《かいごほけんせいど》へ移《うつ》ることができるしくみです。

障害福祉《しょうがいふくし》事業所《じぎょうしょ》でも介護保険《かいごほけん》のサービスを提供《ていきょう》しやすくなったのですね。
この「共生型《きょうせいがた》」はどのサービスに設定《せってい》されますか。

**基本的《きほんてき》には、ホームヘルプ（居宅介護《きょたくかいご》）、ショートステイ（短期入所《たんきにゅうしょ》）、
生活介護《せいかつかいご》の３事業《じぎょう》です。**介護保険《かいごほけん》へ移《うつ》るサービスですね。

特《とく》に生活介護《せいかつかいご》は長《なが》く利用《りよう》している人《ひと》が多《おお》いので期待《きたい》したいところですね。
でも、介護保険《かいごほけん》サービスを使《つか》うと必《かなら》ず１割負担《わりふたん》があると聞《き》きましたが。

はい。ただ、**条件《じょうけん》を満《み》たしている人《ひと》は、後日返金《ごじつへんきん》されますよ。**

利用者負担《りようしゃふたん》のことはそれほど心配《しんぱい》しなくていいのですね。
他《ほか》に気《き》になる点《てん》はあるのでしょうか。

介護保険《かいごほけん》の「要介護認定《ようかいごにんてい》」は、
知的《ちてき》・発達障害《はったつしょうがい》のある人《ひと》は軽《かる》く認定《にんてい》されがちです。
軽《かる》く認定《にんてい》されると介護保険《かいごほけん》サービスを使《つか》える量《りょう》が少《すく》なくなるため、
不足分《ふそくぶん》を障害福祉《しょうがいふくし》サービスで穴埋《あなう》めしてもらうケースも出《で》てくるでしょう。

「共生型《きょうせいがた》」とは

介護保険《かいごほけん》に移《うつ》っても
事業所《じぎょうしょ》はそのままでＯＫ！
（介護保険証《かいごほけんしょう》を使《つか》って利用《りよう》します）

介護保険《かいごほけん》に移《うつ》ると
通《かよ》う事業所《じぎょうしょ》も移《うつ》ることになる…

生活介護《せいかつかいご》のほか、居宅介護《きょたくかいご》や短期入所《たんきにゅうしょ》などに設定《せってい》されます

条件《じょうけん》を満《み》たす人《ひと》は、介護保険《かいごほけん》の１割負担《わりふたん》を後日返金《ごじつへんきん》！

60歳《さい》の時点《じてん》で居宅介護《きょたくかいご》、短期入所《たんきにゅうしょ》、
生活介護《せいかつかいご》の支給決定《しきゅうけってい》を受《う》け、
サービスを利用《りよう》していること、
障害支援区分《しょうがいしえんくぶん》が「２」以上《いじょう》であること、
住民税《じゅうみんぜい》が非課税《ひかぜい》であることなどが条件《じょうけん》です。

介護保険制度《かいごほけんせいど》の認定《にんてい》は要注意《ようちゅうい》

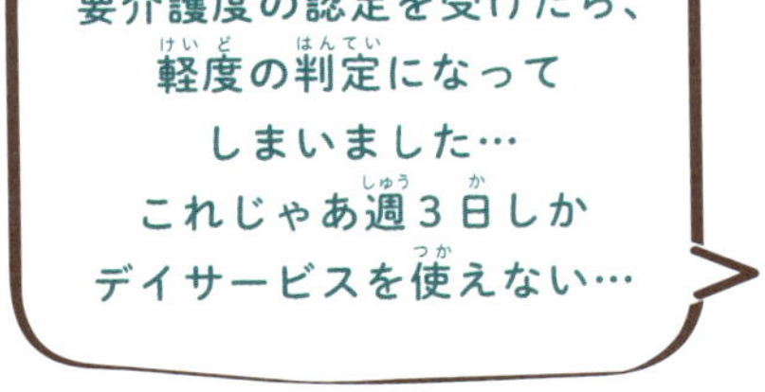
要介護度《ようかいごど》の認定《にんてい》を受《う》けたら、軽度《けいど》の判定《はんてい》になってしまいました…これじゃあ週《しゅう》３日《か》しかデイサービスを使《つか》えない…

支援区分《しえんくぶん》3→要介護度《ようかいごど》1

要介護度《ようかいごど》が軽《かる》く認定《にんてい》された場合《ばあい》は、障害福祉《しょうがいふくし》サービスでカバーしてもらうことが必要《ひつよう》です

終身年金《しゅうしんねんきん》を支払《しはら》うしくみ
障害者扶養共済制度《しょうがいしゃふようきょうさいせいど》

保護者《ほごしゃ》が掛金《かけきん》を納《おさ》め、保護者《ほごしゃ》が死亡《しぼう》するか重度障害《じゅうどしょうがい》になったときから障害《しょうがい》のある人《ひと》へ年金《ねんきん》が支払《しはら》われます。

親御《おやご》さんとしては、自分《じぶん》が亡《な》くなった後《あと》に障害《しょうがい》のある人《ひと》がお金《かね》で困《こま》らないようにしたいですよね。
この「障害者扶養共済制度《しょうがいしゃふようきょうさいせいど》」とはどんな制度《せいど》ですか？

はい。親御《おやご》さんなどの保護者《ほごしゃ》が掛金《かけきん》を納《おさ》め、保護者《ほごしゃ》が死亡《しぼう》するか重度障害《じゅうどしょうがい》になったときから、**障害《しょうがい》のある人《ひと》へ1口《くち》当《あ》たり月々《つきづき》2万円《まんえん》の年金《ねんきん》が支払《しはら》われるしくみ**のことです。

何口《なんくち》まで加入《かにゅう》できるのでしょうか。掛金《かけきん》も気《き》になります。

障害《しょうがい》のある人《ひと》と保護者《ほごしゃ》がセットで、最大《さいだい》2口《くち》まで加入《かにゅう》することができます。
掛金《かけきん》は保護者《ほごしゃ》の年齢《ねんれい》によって異《こと》なり、若《わか》いほうが安《やす》くなります。
ただし、65歳未満《さいみまん》でないと加入《かにゅう》できません。

障害《しょうがい》のある人《ひと》であれば誰《だれ》でも対象《たいしょう》になるのですか？

知的《ちてき》・発達障害《はったつしょうがい》のある人《ひと》は、基本的《きほんてき》に誰《だれ》でも対象《たいしょう》です。
身体障害《しんたいしょうがい》のある人《ひと》は、手帳《てちょう》の等級《とうきゅう》が3級《きゅう》までとなります。

保護者《ほごしゃ》が掛金《かけきん》を払《はら》う、障害者専用《しょうがいしゃせんよう》の年金《ねんきん》です

扶養共済年金《ふようきょうさいねんきん》、しょうがい共済《きょうさい》などの呼《よ》び名もあります

保護者《ほごしゃ》が掛金《かけきん》を納《おさ》める

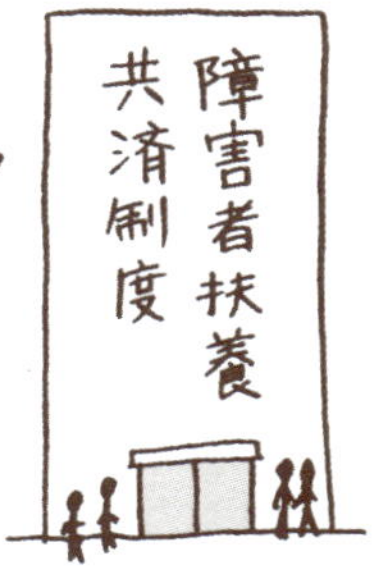

保護者《ほごしゃ》が死亡《しぼう》するか重度《じゅうど》障害《しょうがい》になったら月々《つきづき》2万円《まんえん》の年金《ねんきん》を支払《しはら》う

加入《かにゅう》や掛金《かけきん》などにはルールがあります

障害者1人《しょうがいしゃひとり》につき、保護者1人《ほごしゃひとり》だけ加入者《かにゅうしゃ》になれます。
加入《かにゅう》できるのは2口《くち》までです

加入《かにゅう》できるのは65歳未満《さいみまん》に限《かぎ》られます。
掛金《かけきん》は加入者《かにゅうしゃ》の年齢《ねんれい》によって増減《ぞうげん》します

対象《たいしょう》となる障害状態《しょうがいじょうたい》には条件《じょうけん》があります

知的《ちてき》・発達障害《はったつしょうがい》は基本的《きほんてき》にすべて対象《たいしょう》、身体障害《しんたいしょうがい》は手帳《てちょう》3級《きゅう》まで対象《たいしょう》

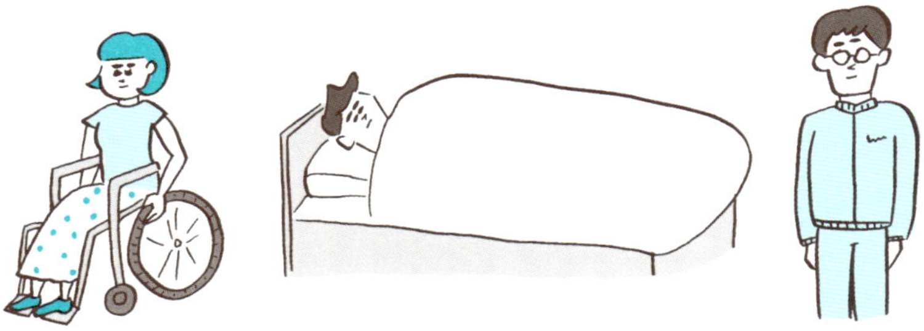

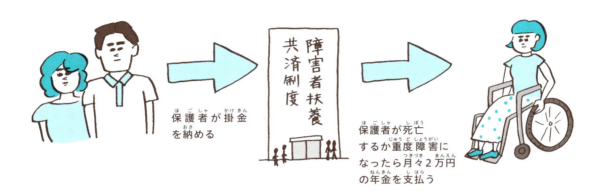

自《じ》分《ぶん》自《じ》身《しん》を守《まも》るために

5章《しょう》

この章《しょう》では、障害《しょうがい》のある人《ひと》の「権利《けんり》」を守《まも》るための
法律《ほうりつ》や制度《せいど》のことを取《と》り上《あ》げています。
地域《ちいき》の中《なか》でくらしていくと、いろいろなトラブルが起《お》きます。
そんなとき、自分《じぶん》を守《まも》ってくれる法律《ほうりつ》や制度《せいど》のことは
知《し》っておきたいですね。また、病院《びょういん》にかかったときの
医療費《いりょうひ》の補助《ほじょ》についても取《と》り上《あ》げています。

「成年後見制度《せいねんこうけんせいど》」って どんなしくみ？

お金《かね》の管理《かんり》や契約《けいやく》など、判断《はんだん》が難《むずか》しいことを手伝《てつだ》ってくれるしくみです。

親元《おやもと》を離《はな》れてくらすと、お金《かね》の管理《かんり》とか福祉《ふくし》サービスの契約《けいやく》とか、
けっこう難《むずか》しいですよね。
そういうことを手伝《てつだ》ってくれるサービスはありますか？

成年後見制度《せいねんこうけんせいど》というしくみがあります。
お金《かね》の管理《かんり》や契約《けいやく》など、知的障害《ちてきしょうがい》のある人《ひと》が
一人《ひとり》で判断《はんだん》することが難《むずか》しい部分《ぶぶん》を手伝《てつだ》ってくれますよ。
お手伝《てつだ》いしてくれる人《ひと》は、弁護士《べんごし》などの専門家《せんもんか》や、家族《かぞく》がなります。

難《むずか》しい契約《けいやく》をするときだけ手伝《てつだ》ってもらえば十分《じゅうぶん》という人《ひと》もいますね。

お金《かね》を借《か》りたり大《おお》きな買《か》い物《もの》をしたりするときだけ
手伝《てつだ》ってくれる「補助《ほじょ》」や「保佐《ほさ》」というタイプと、
本人《ほんにん》に代《か》わって**ほとんどの契約《けいやく》やお金《かね》の管理《かんり》をする**
「後見《こうけん》」というタイプがあります。

成年後見制度《せいねんこうけんせいど》を使《つか》いたいときは、どうすればいいの？

申込書類《もうしこみしょるい》を用意《ようい》して、家庭裁判所《かていさいばんしょ》で手続《てつづ》きをします。
手続《てつづ》きをしてから、長《なが》い場合《ばあい》は半年《はんとし》くらいかかります。
病院《びょういん》で「鑑定《かんてい》」という専門的《せんもんてき》な検査《けんさ》を受《う》けることもあり、
その場合《ばあい》は10万円《まんえん》くらいかかります。

お金《かね》や制度《せいど》のことで判断《はんだん》に困《こま》る場合《ばあい》

成年後見制度《せいねんこうけんせいど》を
使《つか》う方法《ほうほう》があります

成年後見制度《せいねんこうけんせいど》には３つのタイプがあります

補助《ほじょ》　保佐《ほさ》　後見《こうけん》

支援《しえん》の度合《どあ》い　低《てい》 → 中《ちゅう》 → 高《こう》

手続《てつづ》きの流《なが》れ

裁判所《さいばんしょ》への申立《もうした》て

↓

裁判所《さいばんしょ》の調査《ちょうさ》

↓

病院《びょういん》で専門的《せんもんてき》な検査《けんさ》　←必要《ひつよう》ない場合《ばあい》もあります

↓

裁判所《さいばんしょ》の決定《けってい》

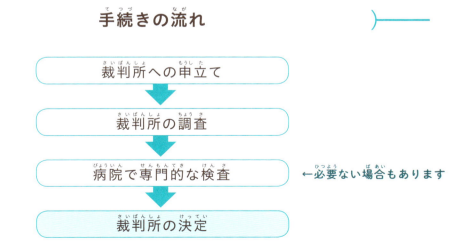

障害者虐待防止法《しょうがいしゃぎゃくたいぼうしほう》は
障害《しょうがい》がある人《ひと》を守《まも》るルール

障害《しょうがい》のある人《ひと》を家《いえ》や職場《しょくば》などでの虐待《ぎゃくたい》から守《まも》るための法律《ほうりつ》です

時折《ときおり》、障害《しょうがい》のある人《ひと》がいじめられたり暴力《ぼうりょく》を受《う》けたりする
ニュースを見《み》ます。そういったことから
障害《しょうがい》のある人《ひと》を守《まも》るルールはないのですか？

「障害者虐待防止法《しょうがいしゃぎゃくたいぼうしほう》」という法律《ほうりつ》で、障害者虐待《しょうがいしゃぎゃくたい》を禁止《きんし》しています。
虐待《ぎゃくたい》を受《う》けた人《ひと》、見《み》たり聞《き》いたりした人《ひと》は、
住《す》んでいる市町村《しちょうそん》などへ知《し》らせなければなりません。
特《とく》に**家庭《かてい》や、福祉《ふくし》サービス事業所《じぎょうしょ》、会社《かいしゃ》・職場《しょくば》での虐待《ぎゃくたい》について、**
障害《しょうがい》のある人《ひと》を守《まも》るしくみになっています。

福祉《ふくし》サービスの事業所《じぎょうしょ》での虐待《ぎゃくたい》が多《おお》いのですか？

ニュースで流《なが》れるのは福祉《ふくし》サービス事業所《じぎょうしょ》ですが、
実際《じっさい》に虐待《ぎゃくたい》が多《おお》いのは家庭《かてい》なのです。

家族《かぞく》からの虐待《ぎゃくたい》だと、本人《ほんにん》は逃《に》げることができないですね…。
家族《かぞく》も虐待《ぎゃくたい》がしたいわけではないと思《おも》いますが。

市町村《しちょうそん》は障害《しょうがい》のある人《ひと》が家族《かぞく》からひどい虐待《ぎゃくたい》を受《う》けている場合《ばあい》、
助《たす》けて保護《ほご》する決《き》まりになっています。**また「養護者支援《ようごしゃしえん》」という、**
家族《かぞく》が虐待《ぎゃくたい》をしてしまわないような手助《てだす》けもすることになっています。

障害《しょうがい》のある人《ひと》への虐待《ぎゃくたい》とは

身体的虐待《しんたいてきぎゃくたい》

暴力《ぼうりょく》を振《ふ》るわれたりしている

経済的虐待《けいざいてきぎゃくたい》

お金《かね》を取《と》り上《あ》げられている

心理的虐待《しんりてきぎゃくたい》

ひどい悪口《わるぐち》を言《い》われている

他《ほか》にもネグレクト、性的虐待《せいてきぎゃくたい》があります。

虐待《ぎゃくたい》が起《お》きやすい場所《ばしょ》は

1 1538件《けん》

家庭

2 581件《けん》

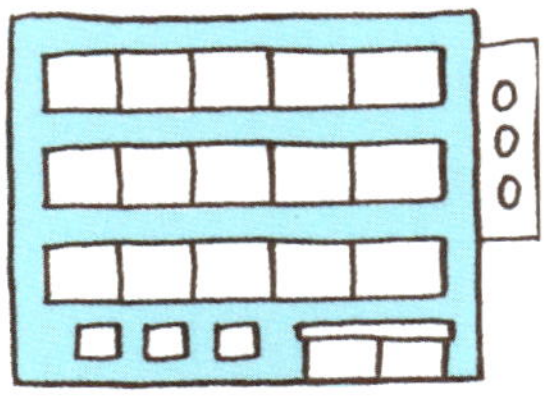

会社・職場

3 401件《けん》

福祉サービス事業所

虐待《ぎゃくたい》の件数《けんすう》は、家庭《かてい》・会社《かいしゃ》・事業所《じぎょうしょ》の順番《じゅんばん》です

※ 数字《すうじ》は 2016 年度《ねんど》の虐待判断件数《ぎゃくたいはんだんけんすう》

本人《ほんにん》向《む》けのわかりやすいパンフレットがあります

イラストが多《おお》くて読《よ》みやすいので
本人活動《ほんにんかつどう》の勉強会《べんきょうかい》などでも使《つか》えます

検索《けんさく》 障害者虐待防止法《しょうがいしゃぎゃくたいぼうしほう》 わかりやすい版《ばん》

障害者差別解消法《しょうがいしゃさべつかいしょうほう》
「差別的取扱《さべつてきとりあつか》い」と「合理的配慮《ごうりてきはいりょ》」

障害《しょうがい》を理由《りゆう》とした「差別的取扱《さべつてきとりあつか》い」の禁止《きんし》と、
「合理的配慮《ごうりてきはいりょ》」の提供《ていきょう》を求《もと》める法律《ほうりつ》です

この法律《ほうりつ》の「差別的取扱《さべつてきとりあつか》い」も「合理的配慮《ごうりてきはいりょ》」も難《むずか》しい言葉《ことば》ですね…。

「差別的取扱《さべつてきとりあつか》い」とは、「障害者《しょうがいしゃ》だから」という理由《りゆう》でお店《みせ》に入《い》れない、
契約《けいやく》や手続《てつづ》きをしない、などを指《さ》します。
そして、障害《しょうがい》のある人《ひと》が生活《せいかつ》する上《うえ》で**バリアとなること（社会的障壁《しゃかいてきしょうへき》）を**
取《と》り除《のぞ》くために必要《ひつよう》な、できる範囲《はんい》で行《おこな》う配慮《はいりょ》が**「合理的配慮《ごうりてきはいりょ》」**です。

「社会的障壁《しゃかいてきしょうへき》」という言葉《ことば》も分《わ》かりにくいですね。

社会《しゃかい》のしくみが整《ととの》っていないことでバリアになってしまう状態《じょうたい》のことです。
目《め》が見《み》えなければ文字《もじ》が読《よ》めないし、
知的障害《ちてきしょうがい》であれば難《むずか》しい文章《ぶんしょう》が理解《りかい》しにくいですね。
でも、一般的《いっぱんてき》な社会《しゃかい》のしくみでは資料《しりょう》は基本的《きほんてき》に文字《もじ》だし、
文章表現《ぶんしょうひょうげん》が難《むずか》しかったり漢字《かんじ》が多《おお》かったりしますよね。

「差別的取扱《さべつてきとりあつか》い」をなくしていくことはもちろんですが、
「合理的配慮《ごうりてきはいりょ》」が広《ひろ》がることを期待《きたい》したいですね。

差別的取扱《さべつてきとりあつか》いと合理的配慮《ごうりてきはいりょ》

差別的取扱《さべつてきとりあつか》い

車《くるま》いすに乗《の》っている人《ひと》はお断《ことわ》りです、
と入店《にゅうてん》を断《ことわ》られる

知的障害《ちてきしょうがい》のある人《ひと》に
手続《てつづ》きの付《つ》き添《そ》いを条件《じょうけん》にする

合理的配慮《ごうりてきはいりょ》

車《くるま》いすが段差《だんさ》を越《こ》えるときの
手助《てだす》けをする

知的障害《ちてきしょうがい》のある人《ひと》へ、
手続《てつづ》きに必要《ひつよう》な書類《しょるい》を
分《わ》かりやすいメモにして渡《わた》す

<table>
<tr><th></th><th>差別的取扱《さべつてきとりあつか》い</th><th>合理的配慮《ごうりてきはいりょ》</th></tr>
<tr><td>行政機関等《ぎょうせいきかんとう》
(役場《やくば》など)</td><td rowspan="2">禁止《きんし》（正当《せいとう》な理由《りゆう》がない限《かぎ》り障害《しょうがい》を理由《りゆう》とする差別的取扱《さべつてきとりあつか》いは禁止《きんし》）</td><td>義務《ぎむ》（可能《かのう》な範囲《はんい》で合理的配慮《ごうりてきはいりょ》をしなければならない）</td></tr>
<tr><td>事業者《じぎょうしゃ》
(民間企業《みんかんきぎょう》など)</td><td>努力義務《どりょくぎむ》（可能《かのう》な範囲《はんい》で合理的配慮《ごうりてきはいりょ》をするように努力《どりょく》）</td></tr>
</table>

column 8 不服申立《ふふくもうしたて》

福祉《ふくし》サービスに納得《なっとく》がいかないときは

今《いま》はたくさんの障害福祉《しょうがいふくし》サービスがありますが、ときには事業所《じぎょうしょ》のサービスに納得《なっとく》のいかないことが起《お》きる場合《ばあい》もあると思《おも》います。

福祉《ふくし》サービスの内容《ないよう》や職員《しょくいん》の対応《たいおう》などで納得《なっとく》できないときには、事業所《じぎょうしょ》の「苦情解決担当者《くじょうかいけつたんとうしゃ》」へ苦情《くじょう》を言《い》うことができます。

担当者《たんとうしゃ》で話《はなし》が解決《かいけつ》しない場合《ばあい》は、事業所《じぎょうしょ》の「苦情解《くじょうかい》決責任者《けっせきにんしゃ》」が対応《たいおう》します。苦情解決担当者《くじょうかいけつたんとうしゃ》と苦情解決《くじょうかいけつ》責任者《せきにんしゃ》は、どの事業所《じぎょうしょ》でも必《かなら》ず置《お》くことになっています。

ポイント1

福祉《ふくし》サービスで納得《なっとく》できないことがあれば、事業所《じぎょうしょ》へ話《はな》すことができます

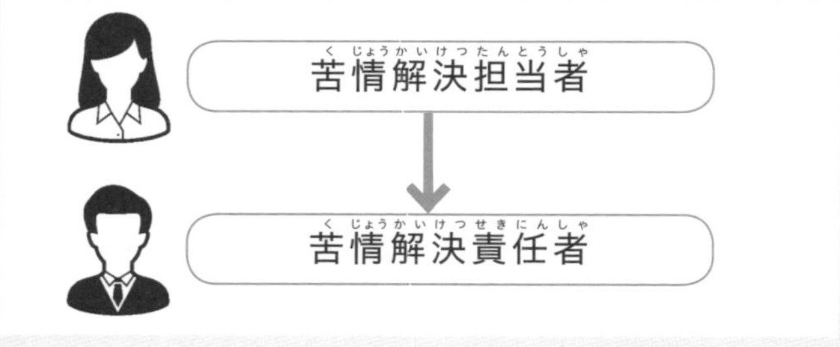

苦情解決担当者《くじょうかいけつたんとうしゃ》、苦情解決責任者《くじょうかいけつせきにんしゃ》は、必《かなら》ずどの事業所《じぎょうしょ》にも置《お》かれています

サービスを使《つか》いやすくするために

けれども、いつも利用《りよう》している事業所《じぎょうしょ》へ苦情《くじょう》を言《い》うのはちょっと難《むずか》しいという人《ひと》もいると思《おも》います。その場合《ばあい》、その事業所《じぎょうしょ》へ連絡《れんらく》するのではなく、都道府県《とどうふけん》の「運営適正化委員会《うんえいてきせいかいいんかい》」というところへ相談《そうだん》することもできます。運営適正化委員会《うんえいてきせいかいいんかい》へ相談《そうだん》すると、委員会《いいんかい》は苦情《くじょう》や相談《そうだん》を聞《き》いた上《うえ》で、事業所《じぎょうしょ》へ状況《じょうきょう》を確認《かくにん》します。

そして必要《ひつよう》があれば、悪《わる》いところを直《なお》すようにアドバイスします。

障害福祉《しょうがいふくし》サービスをもっと使《つか》いやすくするためにも、納得《なっとく》できないことあるときには我慢《がまん》しないで直《なお》してもらうように言《い》ったほうがよいでしょう。

ポイント２

事業所《じぎょうしょ》へ話《はな》しにくいときは、都道府県《とどうふけん》の運営適正化委員会《うんえいてきせいかいいんかい》へ話《はな》すこともできます

運営適正化委員会《うんえいてきせいかいいんかい》

事業所《じぎょうしょ》へ悪《わる》いところを直《なお》すように言《い》うこともあります

運営適正化委員会《うんえいてきせいかいいんかい》は、都道府県《とどうふけん》の社会福祉協議会《しゃかいふくしきょうぎかい》が運営《うんえい》しています

自立支援医療制度《じりつしえんいりょうせいど》とは？

障害《しょうがい》のある人《ひと》の医療《いりょう》にかかる費用《ひよう》を軽《かる》くするための制度《せいど》です。

「自立支援医療《じりつしえんいりょう》」って何《なん》ですか？

障害《しょうがい》のある人《ひと》の医療費負担《いりょうひふたん》を軽《かる》くする制度《せいど》だよ。
子《こ》どもが対象《たいしょう》の「育成医療《いくせいいりょう》」、大人《おとな》が対象《たいしょう》の「更生医療《こうせいいりょう》」、
精神科《せいしんか》へ通院《つういん》している人《ひと》の「精神通院医療《せいしんつういんいりょう》」があります。

どういう人《ひと》が対象《たいしょう》ですか？

育成医療《いくせいいりょう》は、身体《しんたい》に障害《しょうがい》のある17歳《さい》までの子《こ》どもが対象《たいしょう》、
更生医療《こうせいいりょう》は身体障害者手帳《しんたいしょうがいしゃてちょう》をもっている18歳以上《さいいじょう》の大人《おとな》が対象《たいしょう》、
精神通院医療《せいしんつういんいりょう》は、年齢《ねんれい》に関係《かんけい》なく精神科《せいしんか》に通院《つういん》している人《ひと》が対象《たいしょう》です。
すべて医者《いしゃ》の診断書《しんだんしょ》が必要《ひつよう》です。

自己負担《じこふたん》は？

通常《つうじょう》の医療費《いりょうひ》は3割自己負担《わりじこふたん》だけど、
自立支援医療《じりつしえんいりょう》を使《つか》うと1割負担《わりふたん》になります。
とてもお金持《かねも》ちの人《ひと》でなければ、月々《つきづき》に支払《しはら》う医療費《いりょうひ》の上限《じょうげん》もあります。

自立支援医療《じりつしえんいりょう》には3つの種類《しゅるい》があり、対象《たいしょう》が決《き》まっています

自立支援医療《じりつしえんいりょう》

育成医療《いくせいいりょう》

障害《しょうがい》のある子《こ》どもが対象《たいしょう》

＜対象《たいしょう》＞
子《こ》どもの身体障害《しんたいしょうがい》を取《と》り除《のぞ》いたり軽減《けいげん》したりする医療《いりょう》が対象《たいしょう》です

更生医療《こうせいいりょう》

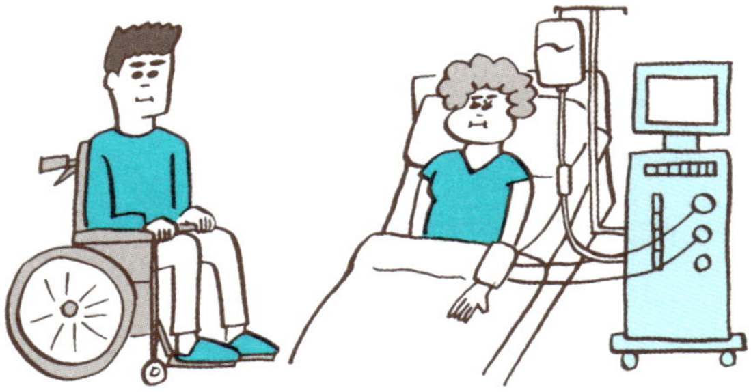

障害《しょうがい》のある大人《おとな》が対象《たいしょう》

＜対象《たいしょう》＞
身体障害《しんたいしょうがい》を取《と》り除《のぞ》いたり軽減《けいげん》したりする医療《いりょう》が対象《たいしょう》です

精神通院医療《せいしんつういんいりょう》

精神的《せいしんてき》な病気《びょうき》で通院《つういん》している人《ひと》

＜対象《たいしょう》＞
精神疾患《せいしんしっかん》（てんかん含《ふく》む）で、精神科通院《せいしんかつういん》を続《つづ》ける必要《ひつよう》がある人《ひと》が対象《たいしょう》です

利用者負担《りようしゃふたん》は治療費《ちりょうひ》の1割《わり》です

通常《つうじょう》の利用者負担《りようしゃふたん》	3割《わり》
自立支援医療《じりつしえんいりょう》の利用者負担《りようしゃふたん》	1割《わり》

月々《つきづき》に支払《しはら》う医療費《いりょうひ》には上限《じょうげん》が設定《せってい》されています

重度障害者《じゅうどしょうがいしゃ》
医療費助成制度《いりょうひじょせいせいど》とは

**重度障害《じゅうどしょうがい》のある人《ひと》の医療費《いりょうひ》を軽《かる》くするための制度《せいど》です。
都道府県《とどうふけん》や市町村《しちょうそん》など各地域《かくちいき》で実施《じっし》しています。**

「重度障害者医療費助成制度《じゅうどしょうがいしゃいりょうひじょせいせいど》」ってなんですか？

重度障害《じゅうどしょうがい》の手帳《てちょう》を持《も》っている人《ひと》が対象《たいしょう》の制度《せいど》のことだよ。
この制度《せいど》は都道府県《とどうふけん》や市町村《しちょうそん》が運営《うんえい》しているので、
対象《たいしょう》となる人《ひと》や補助《ほじょ》のしくみは地域《ちいき》によって違《ちが》います。

そうすると、地域《ちいき》によって対象《たいしょう》になったりならなかったりするんですか？

はい。対象《たいしょう》となる人《ひと》だけでなく、
病院《びょういん》などで支払《しはら》う自己負担《じこふたん》も異《こと》なります。
そして多《おお》くの地域《ちいき》では、精神障害《せいしんしょうがい》のある人《ひと》が対象外《たいしょうがい》となっています。

手帳《てちょう》の種類《しゅるい》で扱《あつか》いが異《こと》なるのですね…。
その他《ほか》に特徴《とくちょう》はありますか？

補助《ほじょ》の対象《たいしょう》はあくまで健康保険《けんこうほけん》の自己負担分《じこふたんぶん》なので、
**入院中《にゅういんちゅう》の個室料《こしつりょう》や食事代《しょくじだい》(食事療養費《しょくじりょうようひ》)などの費用《ひよう》は
補助《ほじょ》の対象《たいしょう》になりません。**

都道府県《とどうふけん》・市町村《しちょうそん》が実施《じっし》する制度《せいど》です

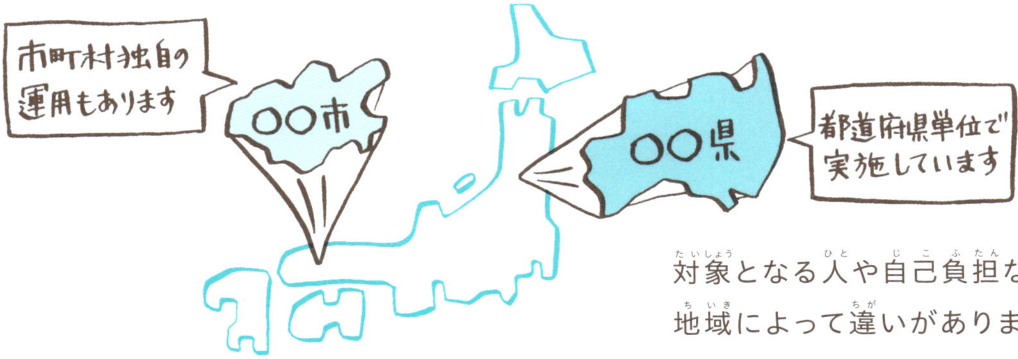

対象《たいしょう》となる人《ひと》や自己負担《じこふたん》など、
地域《ちいき》によって違《ちが》いがあります

重度障害《じゅうどしょうがい》の人《ひと》が対象《たいしょう》です

地域《ちいき》によっては
精神障害《せいしんしょうがい》のある人《ひと》が
対象外《たいしょうがい》となります

多《おお》くの地域《ちいき》で食事代《しょくじだい》や
個室料《こしつりょう》などは補助《ほじょ》の対象外《たいしょうがい》です

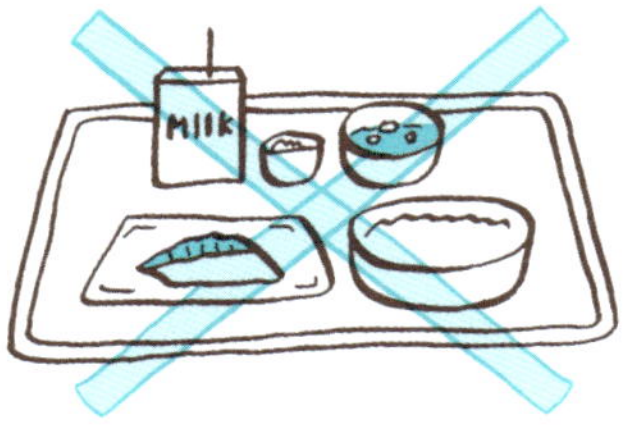

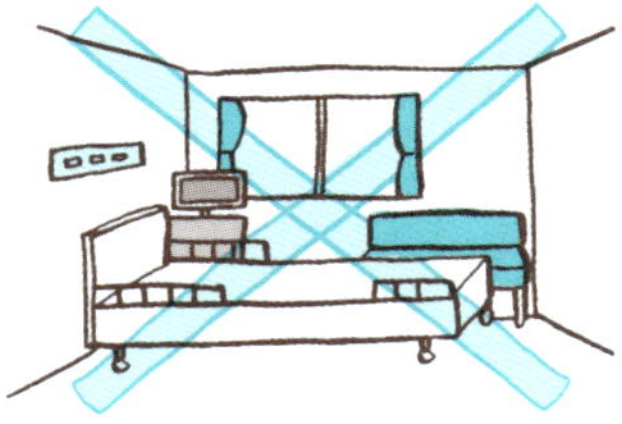

補助対象《ほじょたいしょう》となる
範囲《はんい》は地域《ちいき》に
よって異《こと》なります

ご家族・支援者・教員の皆さまへ（２０１８年改訂のねらい）

前回、「あたらしいほうりつの本」を全面改定してから5年近くが経過し、障害者総合支援法（以下、総合支援法）をはじめとする障害者施策に関連する法制度も、さらに見直されました。前回も触れたとおり、この15年ほどは法律の創設・改正も含めて制度改正のスピードが非常に早かったという特徴があります。総合支援法の改正までの変遷を表にまとめました。

障害福祉サービスの変遷

法制度名	主な適用期間
支援費制度	2003年4月 ～ 2006年3月
障害者 自立支援法	2006年4月 ～ 2010年11月
「つなぎ」法	2010年12月 ～ 2013年3月
障害者 総合支援法	2013年4月 ～ 2018年3月
改正障害者 総合支援法	2018年4月 ～ 現在

支援費制度

支援費制度は、それまでの「行政措置制度」を原則廃止して２００３年４月にスタートした仕組みです。行政措置制度は終戦後の復興期には必要な仕組みでしたが、高度成長期が過ぎ、経済的にも安定してくるにしたがって利点よりも課題のほうが目立つようになってきました。

一般的な生活スタイルは多様で豊かになっているにもかかわらず、障害福祉サービスは依然として行政が主体で、支援サービスを選ぶこともできなかったからです。そもそも、障害福祉サービスを提供する事業所になるためには、社会福祉法人という資産が1億円以上ないと認可されない法人格が必要であり、選ぶほど事業所がないという状況でした。

「支援費制度」ではこうした課題を踏まえ、措置制度の仕組みを改めてサービスを選べる仕組み（利用契約制度）を導入しただけでなく、障害福祉サービスを提供できる法人格の条件を見直し、ＮＰＯ法人や株式会社など、何らかの法人格を有していれば事業所を開設できるようにしました。

さらに、措置制度では利用が広がっていなかった外出時の付き添い支援や、学齢児も利用可能な児童期のデイサービスなどが新設されました。利用者負担の仕組みなどは措置制度時代から変更ありませんでしたが、使えるサービスや使える事業所が飛躍的に増えたことから、サービスを利用する人は予想を超えるペースで増加し、必要な予算規模も大幅に拡大しました。

ただし、実際に国が用意していた予算はサービス利用者数の増加を十分に見込んでいたとは言いがたく、支援費制度は初年度から深刻な財源不足に陥ります。また、精神障害のある人が対象に含まれていなかったほか、障害のある人の就労支援が手薄いなどの指摘もあり、支援費制度はスタートからわずか3年で役割を終えることとなります。

障害者自立支援法

支援費制度が初年度から深刻な財源不足に陥ったことなども踏まえて、国はそれまでの福祉サービスの仕組みを抜本的に見直す方向を示し、２００４年10月に「今後の障害保健福祉施策について（改革のグランドデザイン案）」を発表しました。その中で示された、「市町村中心」「年齢、障害種別、疾病を超えた一元的な体制」「保護を中心とした仕組みから障害者のニーズと適性に応じた自立支援」「地域での生活を促進する仕組みへの転換」「制度の持続可能性を確保」「給付の重点化・公平化や応益的な負担も導入」といった考え方を取り入れて法制化されたのが、障害者自立支援法（以下、自立支援法）です。

自立支援法では、精神障害のある人を制度対象に加え、サービス内容も障害種別ごとの縦割りをなくして利用目的に応じた類型に再編成するなど、いわゆる3障害共通でサービスを利用できる仕組みが導入されました。また、就労支援を強化し、市町村を中心に地域生活の支援を推進するなどの内容も盛り込まれました。

一方で、支援費制度が財政的に行き詰まったこともあり、1割の利用者負担（月々の支払い上限あり）を導入したほか、事業報酬を日割りするなど、財政支出を抑制する方向が打ち出されたことについては批判を集めます。特に重度障害の人は、より多くの福祉サービスを必要とする反面、就労による所得の確保が難しい状況にありますから、支援費制度の時代と比べると大幅な負担増となってしまいました。そのため、利用者負担が重いことを理由にサービスの利用を断念するなどの事態が起こり、社会問題となります。

「つなぎ」法

　こうした自立支援法に対する批判を受け、当時の民主党を中心とする政権与党は自立支援法の廃止を目指し、「総合福祉部会」という組織を置いて自立支援法を廃止した後の新法について議論を始めました。しかし、すでに施行されている自立支援法を廃止して新しい法律をつくる作業には時間が必要なため、新法がスタートするまでの「つなぎ」として、２０１０年12月に自立支援法の改正案が成立しました。これが、いわゆる「つなぎ」法です。とはいえ、政権交代前から検討を重ねてきた内容が数多く含まれているため、「つなぎ」というには大がかりな制度改正となりました。特に大きな変更点としては、利用者負担の見直しや障害児支援、相談支援の拡充、グループホーム（以下、ＧＨ）・ケアホーム（以下、ＣＨ）入居者への家賃補助制度などが挙げられます。

　利用者負担については、「1割負担」の仕組みを残しつつ、所得の少ない人の負担軽減策を法定化し、住民税が非課税の人は利用者負担ゼロであることを法に明記しました。障害児支援については、児童福祉法を基礎として、市町村が支援の主体となる方向が示されたほか、障害児の放課後や長期休暇を支援する「放課後等デイサービス」や、地域の幼稚園や保育園、学童保育へ通う子どもへ支援スタッフを派遣する「保育所等訪問支援事業」が創設されました。

　相談支援の拡充については、「サービス等利用計画作成費」の対象者を大幅に拡大し、サービスの支給決定を受ける前から利用計画を立てる仕組みにするなど、支給決定の流れそのものを変更しました。この仕組みは、障害児の相談支援についてもほぼ同様となります。ＧＨ・ＣＨへの家賃補助については、住民税が非課税の人を対象に、月1万円を上限に支給されます。家賃負担を理由にホームでの暮らしを諦めていた人も少なくありませんから、大きく施策が前進したといえます。

障害者総合支援法

　総合福祉部会では、２０１１年8月に新法の骨格に関する提言書を取りまとめたものの、当時の国会情勢が衆議院と参議院で多数党が異なる「ねじれ」の状態にあったため、自立支援法の廃止を前提とした新法の提案は極めて困難な状況にありました。そのため、政府与党は最終的に自立支援法の廃止を断念し、「つなぎ」法をさらに改正した上で、法律名称そのものを変更する方針を決定しました。これが２０１３年４月からスタートした「障害者総合支援法」です。法律名の変更を伴っているため混乱してしまいますが、あくまで自立支援法の改正ですから、基本的な制度の仕組みは自立支援法の内容を踏襲しています。利用者負担の仕組みや福祉サービスの基本的な枠組みなどについては、「つなぎ」法から変更ありません。

一方、知的・発達障害のある人に関係の深い分野では、CHの廃止（GHへの一元化）や重度訪問介護の利用対象拡大、障害程度区分の見直しなどが挙げられます。

GHへの一元化については、制度としてのCHは廃止となりましたが、ほぼすべてのCHがそのままGHへ転換したため、大きな混乱とはなりませんでした。また、ワンルームマンションなどで一人暮らしする部屋をGHの一部として登録できる仕組み（サテライト型住居）も新設され、地域生活への移行を希望する人にはとても適した類型となっています。

重度訪問介護については、利用対象を「重度の行動障害のある人」へ拡大することとなりました。ただ、長時間の利用が想定されることから、行動障害のある人の利用には事前調整が必要です。そこで、まずは行動援護を利用して、ヘルパーが長時間支援する際に配慮すべきポイントなどを洗い出すこととなりました。（これに伴い、行動援護を室内で利用できるようになりました）。ただ、重度行動障害のある人で重度訪問介護を利用しているケースは非常に少なく、今後の利用拡大が期待されます。

障害程度区分の見直しに関しては、名称を「障害支援区分」へ改めるとともに、知的障害のある人の判定が適正化されるよう、一次判定（コンピュータ判定）を抜本的に見直し、聞き取り調査における項目も大幅に変更されました。さらに、知的障害の特性を考慮した項目が新設され、聞き取り調査時にも特性に配慮することが明記されるなど、従来の障害程度区分に比べると区分判定の妥当性が大幅に向上しました。

改正障害者総合支援法

総合福祉部会における議論も踏まえつつ制定された総合支援法ですが、積み残された議論テーマも多数あったことから社会保障審議会障害者部会において検討を行い、２０１５年12月に見直しの方向性を取りまとめました。これを受けて政府が法改正の案を作成し、２０１６年5月に改正法案が可決され、２０１８年4月に主要部分がスタートしました。

知的・発達障害のある人に関係の深い分野では、新設された「自立生活援助」「就労定着支援」「居宅訪問型児童発達支援」の各サービスや、介護保険制度との相互乗り入れである「共生型類型」などが注目されます。

自立生活援助は、主に地域で独立した暮らしを希望する人を対象に、自立した日常生活を送ることができるようにするための支援を提供するものです。たとえば部屋の片付けがうまくできない場合、ヘルパーであれば直接的に片付ける支援を提供しますが、自立生活援助の場合は自分で片付けられるようになるためのアイデアを提供するイメージです。これに対し、就労定着支援は、就職した障害のある人が対象で、就労に伴う生活環境の変化で暮らしぶりが乱れ、それが離職につながってしまうことを防ぐためのサービスです。起床時間の変化に慣れず遅刻がちになる、まとまった給料が入ると無計画にほしいものを買ってしまうといった状況がある場合、支援者が中に入って重大問題とならないように調整します。

　居宅訪問型児童発達支援は、医療的ケアが必要な子どもなど、通園が難しい最重度障害児を対象に、支援者が自宅へ出向いて個別療育を提供するサービスです。これまで、通園が難しい状態の子どもは療育機会がほとんどありませんでしたので、活用が期待されます。

　最後の共生型類型は、障害福祉サービス事業所が介護保険サービス事業所を兼ねることができる仕組みのことです。これまで、65歳になって介護保険制度の該当になると一部のサービス（居宅介護、短期入所、生活介護）は介護保険制度へ移行することとなり、慣れた事業所から移らなければなりませんでしたが、共生型になることで、引き続き同じ事業所（の介護保険部門）を利用できるようになりました。また、居宅介護、短期入所、生活介護を長い期間使っているなどの条件を満たす場合には、介護保険の利用者負担も全額が払い戻される仕組みになっています。このほか、２０１８年４月からの報酬改定において、平日の日中もＧＨで過ごすことが可能な「日中サービス支援型グループホーム」や、看護職員を配置する短期入所事業所を評価する「福祉型機能強化短期入所」なども制度化されました。

　制度やサービスの研修会や学習会を行う際には、現行の仕組みを理解することが基本となりますので、冊子本編では２０１８年４月現在の制度情報にもとづいた記載となっています。ただ、研修会や学習会を主催する皆さまには、本項で取り上げたような制度の変遷を経て今回の改訂にいたったことをご理解いただければ幸いです。

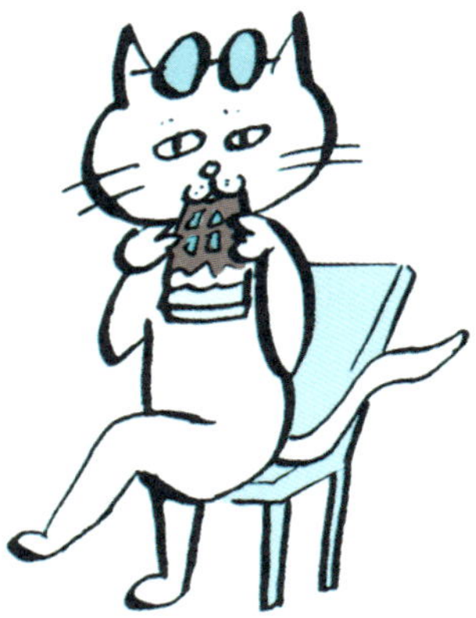

おわりに

3年《ねん》ぶりに内容《ないよう》を新《あたら》しくした
「あたらしいほうりつの本《ほん》」をお読《よ》みいただき、
ありがとうございました。

本当《ほんとう》にお待《ま》たせしました。ところで、内容《ないよう》を
新《あたら》しくしたところって具体的《ぐたいてき》にはどこですか？

今回《こんかい》は、最初《さいしょ》に障害《しょうがい》のある人《ひと》が
生《う》まれてから高齢《こうれい》になるまで、
どんなことが起《お》きるのか、まとめてみました。
そして、2018年《ねん》4月《がつ》から新《あたら》しく始《はじ》まった
サービスをすべて紹介《しょうかい》してあります。

障害《しょうがい》のある人《ひと》への虐待《ぎゃくたい》の防止《ぼうし》や
差別《さべつ》の解消《かいしょう》も載《の》せることができましたね。

そうですね。前回《ぜんかい》は取《と》り上《あ》げることが
できなかったのでよかったです。とはいえ、
今回《こんかい》は取《と》り上《あ》げる内容《ないよう》をできるだけ
絞《しぼ》っています。情報《じょうほう》は大切《たいせつ》ですが、
多《おお》すぎると混乱《こんらん》してしまいますからね。

今回《こんかい》の中《なか》では、「共生型《きょうせいがた》」(↓92ページ)がとても
気《き》になりました。
障害《しょうがい》のある人《ひと》が高齢《こうれい》になっても同《おな》じ事業所《じぎょうしょ》を
使《つか》えるのはよいと思《おも》いますが、介護保険《かいごほけん》の
しくみを使《つか》うことには変《か》わりないですよね。

たしかに介護保険《かいごほけん》のしくみを使《つか》いますね。
たとえば生活介護《せいかつかいご》の事業所《じぎょうしょ》が
共生型《きょうせいがた》をする場合《ばあい》、定員《ていいん》の一部《いちぶ》が介護保険《かいごほけん》の
デイサービスに切《き》り替《か》わります。
その事業所《じぎょうしょ》で介護保険《かいごほけん》を使《つか》う人《ひと》が増《ふ》えてきたら、
デイサービスの定員《ていいん》が増《ふ》えた分《ぶん》、
生活介護《せいかつかいご》の定員《ていいん》が減《へ》ることになりますね。

逆《ぎゃく》に介護保険《かいごほけん》のデイサービス事業所《じぎょうしょ》が
共生型《きょうせいがた》になることもできるんですよね？

はい。デイサービス定員《ていいん》の一部《いちぶ》を生活介護《せいかつかいご》に
することも可能《かのう》です。

なるほど…介護保険《かいごほけん》との関係《かんけい》は
気《き》をつける必要《ひつよう》がありそうですね。
では最後《さいご》に、これからの障害福祉《しょうがいふくし》サービスは
どうなっていくのでしょうか。

忘《わす》れてはならないのは、
障害《しょうがい》のある人《ひと》のくらしをよくしていくために
福祉《ふくし》サービスがあるということです。
福祉《ふくし》サービスが障害《しょうがい》のある人《ひと》のくらしを
決《き》めてしまうのではなく、一人《ひとり》ひとりのくらしに
合《あ》わせてうまく福祉《ふくし》サービスを
組《く》み合《あ》わせることができるとよいですね。

この「あたらしいほうりつの本《ほん》」が、
そのお手伝《てつだ》いをできるとうれしいです。

前回《ぜんかい》と同《おな》じく、知的障害《ちてきしょうがい》のある人《ひと》に
読《よ》んでいただけるように、
なるべく難《むずか》しい言葉《ことば》を使《つか》わないようにしました。
まだまだ難《むずか》しい言葉《ことば》もあったと思《おも》います。
お気《き》づきの点《てん》はご意見《いけん》くださるよう、
お願《ねが》いいたします。
前回《ぜんかい》の「あたらしいほうりつの本《ほん》」は、
障害《しょうがい》のある人《ひと》だけでなく、
ご家族《かぞく》や支援者《しえんしゃ》、行政担当者《ぎょうせいたんとうしゃ》の入門書《にゅうもんしょ》としても
好評《こうひょう》をいただきました。
今回《こんかい》も、新《あたら》しい情報《じょうほう》を取《と》り入《い》れましたので、
引《ひ》き続《つづ》きのご愛読《あいどく》をお願《ねが》い申《もう》し上《あ》げます。

さくいん

あ行《ぎょう》

育成《いくせい》医療《いりょう》……106
意思《いし》決定《けってい》支援《しえん》……32
移動《いどう》支援《しえん》……17・19
医療費《いりょうひ》助成《じょせい》制度《せいど》……106
運営《うんえい》適正化《てきせいか》委員会《いいんかい》……105

か行《ぎょう》

介護《かいご》給付《きゅうふ》……17
介護《かいご》保険《ほけん》……90
家事《かじ》援助《えんじょ》……81
機能《きのう》訓練《くんれん》……52
共生型《きょうせいがた》……92・114
居住《きょじゅう》支援《しえん》団体《だんたい》……79
居宅《きょたく》介護《かいご》（ホームヘルプ）18・80・90・92
居宅《きょたく》訪問型《ほうもんがた》児童《じどう》発達《はったつ》支援《しえん》……38・44・114
苦情《くじょう》解決《かいけつ》担当者《たんとうしゃ》、苦情《くじょう》解決《かいけつ》責任者《せきにんしゃ》……104
グループホーム……17・19・70・112
訓練等《くんれんとう》給付《きゅうふ》……17
更生《こうせい》医療《いりょう》……106
行動《こうどう》援護《えんご》……18・82
合理的《ごうりてき》配慮《はいりょ》……102
個別《こべつ》支援《しえん》計画《けいかく》……26・30

さ行《ぎょう》

サテライト型《がた》……70
サービス担当者《たんとうしゃ》会議《かいぎ》……30
サービス等《とう》利用《りよう》計画《けいかく》……26・30・74・112
差別的《さべつてき》取扱《とりあつか》い……102
支援費《しえんひ》制度《せいど》……110
シェアハウス……79
施設《しせつ》入所《にゅうしょ》……17・18・44・50・74
児童《じどう》発達《はったつ》支援《しえん》……8・36・44
児童《じどう》発達《はったつ》支援《しえん》事業《じぎょう》……36
児童《じどう》発達《はったつ》支援《しえん》センター……36
児童《じどう》福祉法《ふくしほう》……112
就学《しゅうがく》支援《しえん》委員会《いいんかい》……47
重度《じゅうど》障害者《しょうがいしゃ》医療費《いりょうひ》助成《じょせい》制度《せいど》……108
重度《じゅうど》訪問《ほうもん》介護《かいご》……18・80・82・113
受給者証《じゅきゅうしゃしょう》……24
就労《しゅうろう》移行《いこう》支援《しえん》……17・19・54・64
就労《しゅうろう》継続《けいぞく》支援《しえん》……17・19・58・60・65
就労《しゅうろう》定着《ていちゃく》支援《しえん》……19・56
小規模《しょうきぼ》作業所《さぎょうしょ》……62
ショートステイ（短期《たんき》入所《にゅうしょ》）……86・90・92
障害《しょうがい》支援《しえん》区分《くぶん》……50・113
障害児《しょうがいじ》支援《しえん》利用《りよう》計画《けいかく》……27
障害者《しょうがいしゃ》虐待《ぎゃくたい》防止法《ぼうしほう》……100
障害者《しょうがいしゃ》雇用《こよう》促進法《そくしんほう》……66
障害者《しょうがいしゃ》差別《さべつ》解消法《かいしょうほう》……102
障害者《しょうがいしゃ》就業《しゅうぎょう》・生活《せいかつ》支援《しえん》センター……67
障害者《しょうがいしゃ》自立《じりつ》支援法《しえんほう》……110
障害者《しょうがいしゃ》総合《そうごう》支援法《しえんほう》……16・112
障害者《しょうがいしゃ》扶養《ふよう》共済《きょうさい》制度《せいど》……89・94
自立《じりつ》訓練《くんれん》……17・19・52
自立《じりつ》支援《しえん》医療《いりょう》……106
自立《じりつ》生活《せいかつ》援助《えんじょ》……19・76・78・113
身体《しんたい》介護《かいご》……81
生活《せいかつ》介護《かいご》……18・48・50・65・92
生活《せいかつ》訓練《くんれん》……52
精神科《せいしんか》通院《つういん》医療《いりょう》……106
成年《せいねん》後見《こうけん》制度《せいど》……89・98
相談《そうだん》支援《しえん》……19・28
相談《そうだん》支援《しえん》専門員《せんもんいん》……26

た行《ぎょう》

短期入所《たんきにゅうしょ》（ショートステイ）……17・18・86・90・92
地域活動支援《ちいきかつどうしえん》センター……17・19・40・62
地域生活支援事業《ちいきせいかつしえんじぎょう》……17・84
通院等介助《つういんとうかいじょ》……81
「つなぎ」法《ほう》……112
デイサービス……62・65
手帳《てちょう》（療育手帳《りょういくてちょう》）……14
同行援護《どうこうえんご》……82
特定贈与信託《とくていぞうよしんたく》……89
特別支援学級《とくべつしえんがっきゅう》、特別支援学校《とくべつしえんがっこう》……9・46

な行《ぎょう》

日中一時支援《にっちゅういちじしえん》……42・84
日中《にっちゅう》サービス支援型《しえんがた》……72
入所施設《にゅうしょしせつ》……74
認定審査会《にんていしんさかい》……50

は行《ぎょう》

ハローワーク……67
福祉《ふくし》ホーム……19・52
ヘルパー……17・78・80
保育所等訪問支援《ほいくしょとうほうもんしえん》……40・44
放課後等《ほうかごとう》デイサービス……42・44
訪問入浴《ほうもんにゅうよく》……40
ホームヘルパー……80
ホームヘルプ（居宅介護《きょたくかいご》）……18・78・80・90・92

ま行《ぎょう》

モニタリング……28・30

や行《ぎょう》

家賃補助制度《やちんほじょせいど》……112

ら行《ぎょう》

療育手帳《りょういくてちょう》……14
利用者負担《りようしゃふたん》……20
療養介護《りょうようかいご》……74

又村《またむら》あおい（またむら・あおい）

1973年《ねん》生《う》まれ。成城大学《せいじょうだいがく》を卒業《そつぎょう》して、神奈川県平塚市役所《かながわけんひらつかしやくしょ》で働《はたら》いていました。
2020年《ねん》3月《がつ》に市役所《しやくしょ》を辞《や》めて、4月《がつ》から全国手《ぜんこくて》をつなぐ育成会《いくせいかい》連合会《れんごうかい》へ転職《てんしょく》しました。
知的障害《ちてきしょうがい》のある人《ひと》や家族《かぞく》の暮《く》らしが良《よ》くなるように、頑張《がんば》って仕事《しごと》しています。
ほかにも日本発達障害連盟《にほんはったつしょうがいれんめい》「発達障害白書《はったつしょうがいはくしょ》」の編集委員《へんしゅういいん》や、内《ない》閣府《かくふ》の障害者差別解消支援地域協議会《しょうがいしゃさべつかいしょうしえんちいききょうぎかい》の在《あ》り方検討会《かたけんとうかい》の委員《いいん》としても活動《かつどう》しています。

Staff

イラストレーション　あべさん

デザイン　井寄友香《いよりともか》

あたらしいほうりつの本《ほん》 2018年改訂版《ねんかいていばん》

2018年《ねん》10月《がつ》30日《にち》　初版第《しょはんだい》1刷発行《ずりはっこう》
2021年《ねん》6月《がつ》15日《にち》　第《だい》3刷発行《ずりはっこう》

著者《ちょしゃ》　又村《またむら》あおい
発行人《はっこうにん》　久保厚子《くぼあつこ》
発行所《はっこうしょ》　一般社団法人全国手《いっぱんしゃだんほうじんぜんこくて》をつなぐ育成会連合会《いくせいかいれんごうかい》

〒160-0023
東京都新宿区西新宿《とうきょうとしんじゅくくにししんじゅく》7-17-6　第三和光《だいさんわこう》ビル2C
電話《でんわ》：03-5358-9274　ファクス：03-5358-9275（代表《だいひょう》）
E-mail　info@zen-iku.jp　URL　http://zen-iku.jp

印刷《いんさつ》・製本《せいほん》　株式会社《かぶしきがいしゃ》　興陽館《こうようかん》　印刷事業部《いんさつじぎょうぶ》